edition suhrkamp 2772

Belarus, August 2020. Die Kampagne zur Präsidentschaftswahl ist in vollem Gange. Artur Klinaŭ erhält einen Anruf: Seine Tochter Marta wurde verhaftet. Er fährt nach Minsk und macht sich auf die Suche.

Anfangs skeptisch, dann von der Wucht der Ereignisse mitgerissen, erzählt er, wie im Protest gegen gefälschte Wahlen eine neue Gesellschaft Gestalt annimmt. Und wie sie wieder zerschlagen wird. Klinaŭ rechnet ab: mit dem »Batka«, dem Großkünstler im Präsidentenpalast, der seine Werke mit grober Axt erschafft; und mit dem »Starzen« im Kreml, der ihm hilft, Belarus die frischen Farben auszutreiben und das Land in ein tiefbraunes Monochrom zu verwandeln.

Wie keiner vor ihm beschreibt Klinaŭ, warum die belarussische Revolution richtig und falsch, so unabwendbar wie tragisch war: Als »Dissident auf Lebenszeit« hatte er sich in einem Parallelstaat eingerichtet, überzeugt, der Wandel werde kommen. Doch Marta und ihre Generation hatten keine Geduld mehr – sie wollten den Aufstand und schrieben Geschichte.

Artur Klinaŭ, geboren 1965, Schriftsteller und Architekt, gilt als einer der wichtigsten Künstler seines Landes. Er lebt in Karpatuny und in Minsk. Zuletzt erschien in der edition suhrkamp *Minsk. Sonnenstadt der Träume* (es 2491).

Foto: © Brigitte Friedrich

Artur Klinaŭ

Acht Tage Revolution

Ein dokumentarisches Journal aus Minsk

Aus dem Russischen von Volker Weichsel und
Thomas Weiler

Suhrkamp

Das Buch wurde aus dem Manuskript übersetzt.

Erste Auflage 2021
edition suhrkamp 2772
© der deutschen Ausgabe Suhrkamp Verlag Berlin 2021
Alle Rechte vorbehalten, insbesondere das der
Übersetzung, des öffentlichen Vortrags sowie
der Übertragung durch Rundfunk und Fernsehen,
auch einzelner Teile.
Kein Teil des Werkes darf in irgendeiner Form
(durch Fotografie, Mikrofilm oder andere Verfahren)
ohne schriftliche Genehmigung des Verlages
reproduziert oder unter Verwendung elektronischer Systeme
verarbeitet, vervielfältigt oder verbreitet werden.
Satz: Satz-Offizin Hümmer GmbH, Waldbüttelbrunn
Druck: C.H. Beck, Nördlingen
Umschlag gestaltet nach einem Konzept von
Willy Fleckhaus: Rolf Staudt
Printed in Germany
ISBN 978-3-518-12772-8

Acht Tage Revolution

Prolog

Der Zusammenbruch einer Diktatur ist ein überwältigendes Schauspiel. Zumal wenn er aus heiterem Himmel kommt. Dein halbes Leben sitzt du schon am Ufer des trägen Gelben Flusses und wartest darauf, dass die Leiche deines Feindes in schwarzem Anzug, weißem Hemd und Lackschuhen vorbeischwimmt, aber die Jahre gehen ins Land, das Wasser fließt und fließt, und er will einfach nicht kommen. Du regst dich nicht einmal mehr auf, die Hoffnung ist dem Halbschlaf gewichen, der Tag der Dämmerung, die Erwartung dem Zweifel. Du hast dich abgefunden, hast dich arrangiert. Fast dein gesamtes Erwachsenenleben hast du mit der Diktatur zugebracht, und sosehr du sie verachtest, sie gehört inzwischen zur Familie. Ihr habt euch zurechtgeruckelt und versteht einander blind, wenngleich es in eurer Beziehung längst weder Sex noch Gefühle gibt, ja nicht einmal mehr Hass. Du weißt, was du tun musst, um sie am Esstisch nicht zu verärgern. Wie du Messer und Gabel zu halten hast, wann es ins Bett geht, wovon du dich fernhalten sollst, mit wem du lieber nicht durch die Kneipen ziehst und was du besser für dich behältst, um keinen auf den Deckel zu kriegen. Auch sie kennt all deine Marotten und lässt dir vieles durchgehen. Es sind ja nur Petitessen, nicht weiter bedrohlich. Trink in Ruhe dein Sonntagsbierchen in der Shoppingmall, lies dein Käseblättchen, mach deinem Ärger Luft – aber nicht auf der Straße, nicht mit Fahnen.

26 Jahre sind eine Epoche, ein ganzes Leben. Du hast es in einer Strafkolonie zugebracht, die du längst in- und auswendig kennst. Hier ist das Tor, der Zaun, der Stacheldraht und das Wachhäuschen. Und dort die Zelle. Darin der Kübel und der Tisch, darauf dein Becher, der Aluteller und der Löffel.

Der Sturz eines Diktators ist erst recht irritierend. Er war ja immer mit im selben Raum. Wo ihr zu zweit wart, war er der Dritte, wenn ihr zu dritt wart, war er der Vierte. An jeder Wand hing sein unsichtbares Bildnis. Jeden Abend kam er aus dem Fernseher, beschwichtigte, scherzte, verkündete, belehrte, erteilte Rügen mit finsterer Miene, erzählte von der internationalen Verschwörung. War er milde gestimmt, lächelte er, dann erntete er Wassermelonen, streichelte seinen Spitz, schwang mit Gérard Depardieu die Sense oder spielte Bajan und sang. Wenn er in Rage geriet, drohte er den internationalen Strippenziehern – seine Riesenfaust nahm den halben Bildschirm ein.

Er war Experte auf allen Gebieten: wie man Kartoffeln verwöhnt, Häuser anbaut, Filme errichtet, Kinder anmischt, aus Weidenruten Traktoren schnitzt oder die Eier anpacken muss, damit der Zement nicht eingeht. Er war Metallurg, Bergmann, Eishockeyspieler, Ackerbauer. Und dazu noch Schlosser, Bäcker, Traktorist, Ingenieur der menschlichen Seele, Meister des Sports in sämtlichen Kampfkünsten, Mathematiker, Wissenschaftler, Dichter, Logiker, Physiker, Politiker, Ethiker. In letzter Zeit auch noch Arzt. Er kam in jedes Haus und erklärte, wie man sich mit Banja, Wodka und Traktorfahren vor der neuen Seuche schützen kann.

Er war Batka-Jabatka, ein Zweitvater in jeder Familie. Manche verachteten ihn, andere richteten sich ein, wieder andere liebten ihn. Aber rauswerfen konnte man ihn nicht. Als kleiner heidnischer Halbgott, geschnitzt aus einem alten Holzstrunk, saß er am Bett, stand er auf dem Tisch und lugte aus der Ecke. Du konntest ihn im Schrank verstecken, hinter Büchern verschwinden lassen, in einem Glas Galle versenken oder ihn im Ofen verbrennen – im nächsten Augenblick war Batka-Jabatka wieder da, auferstanden aus der Asche. Manche rückten dem hölzernen Götzen mit dem Beil zu Leibe, andere küssten ihn, leckten ihn ab und legten ihn unters Kopfkissen. Aber alle hatten ihn immer und überall ganz in ihrer Nähe.

Ich weiß noch, wie ich ihn in den 90er Jahren hasste. Wenn Er morgens zu mir kam, wollte ich ihn zertrümmern, zerschlagen, vergammeln lassen, vernichten. Aber ich war Konzeptkünstler. Und er ein hölzerner Phallus. Also porträtierte ich ihn. Mit einem verschlagenen Grinsen saß der Batka in Kustodijews Gemälde *Kaufmannsgattin beim Tee* und schlürfte Tee von einer weißen Untertasse. Was er mit der Kaufmannsgattin angestellt hatte (Axtmord? Knüppel auf den Kopf? Verhaftet?), blieb außen vor. Bestimmt hatte er sie einfach mit seinen riesigen Bauernpranken gepackt und aus dem Bild geworfen. Um das Ganze noch realistischer erscheinen zu lassen, ließ ich am Himmel über ihm vier rote Hähnchenschlegel in Reih und Glied vorüberfliegen.

Das war sein erstes Porträt. Bis dahin hatte ihn noch niemand gemalt. Auch die offiziellen Batka-Darstellungen sollten erst später folgen. Ich denke, Er wusste das zu schätzen. Jedenfalls sind mir seither alle staatlichen Türen verschlossen. Nie wieder wurde ich ins Fernsehen, zu Veranstaltungen oder zum Zeitungsinterview eingeladen, mein Name stand auf der schwarzen Liste und war aus der korrekten Kultur getilgt. So wurde ich zum Dissidenten auf Lebenszeit, dem nur noch ein Weg offenstand: nach Westen.

Später lernte ich, Ihn zu ignorieren – so ließ es sich leichter leben. Ich betrachtete ihn nur noch als heidnische Halbgottheit, als Idol aus Holz, das auf dem Fernseher oder im Buffet hinter der Scheibe stand. Allerdings wurde Er immer wütender. Fortan starrte er mich aus seinem Winkel hinter dem alten sowjetischen Kristall stumm und feindselig an.

Dass auch der Batka Künstler war, ging mir erst später auf. Und die Idee seiner Kunst blieb mir lange verborgen. Was er auch malte, geriet ihm grob, schräg und plump. Ich war Konzeptkünstler, er ein Primitivist, der mit der Axt malte. Das war selbst für meine Verhältnisse zu radikal. Er tauchte die breite Klinge in Farbe und fuhr damit über die Leinwand. Sein Werk war sonderbar, es wurde mit jedem Strich monochromer. Zumal er aus unerfindlichen Gründen lediglich zwei Farben auf seiner Palette hatte: Grün und Rot. Grün neben Rot oder umgekehrt wäre ja noch gegangen. Aber sobald Er sie auf der Leinwand mischte, wurden sie zu Braun. Überhaupt endete alles, was er malte, in 101 Brauntönen. Alles, was er berührte, wurde braun. Manchmal hielt ich ihn selbst für einen verkappten konzeptualistischen Künstler. Er errichtete draußen vor dem Fenster seine sonderbare braune Welt aus Rot und Grün. Wenn ich es nicht mehr mit ansehen konnte, zog ich die Vorhänge zu und wandte mich meinem eigenen Projekt zu.

Einmal brachte ich eine Neujahrskarte mit ihm heraus, basierend auf dem Bild, aus dem er die Kaufmannsgattin geworfen hatte (oder hatte er sie einfach wegen Steuerhinterziehung ins Gefängnis gesteckt?). Jedenfalls trank er immer noch Tee aus der Untertasse, umgeben von Katze, fliegenden Hähnchenschlegeln und hellblauen Schneeflocken. Unter dem Bild prangte der Schriftzug: »S Nowym godom!« (Frohes neues Jahr), man konnte aber statt »godom« auch »Godot« lesen.

Auf der Rückseite der Klappkarte waren der Name des Künstlers, Titel und Jahr angegeben, außerdem der Hinweis: »Nur im Umschlag versenden«. Wann immer ich sie verschickte, sah ich Ihn vor meinem geistigen Auge, wie er in einem versiegelten braunen Holzumschlag mit Fransen den Gelben Fluss hinabfuhr.

Mein Vater war auch schon Künstler gewesen. Er wohnte nicht bei uns. Ich liebte ihn natürlich, aber als er starb, wollte keinerlei Gefühl aufkommen. Ich weiß noch, wie ich stumpfsinnig an seinem Grab stand und der Leere in mir lauschte. Vielleicht lag es daran, dass ich einen Monat zuvor meine Mutter beerdigt hatte. Als mein Vater dann auf dem Gelben Fluss dorthin fuhr, von wo noch niemand zurückgekehrt ist, überkam mich plötzlich ein heftiger Anfall von Waisenkummer. Weder Mutter noch Bruder noch Vater, noch Großmütter, Großväter oder Tan-

14

ten waren mir geblieben. Ich hatte nur noch meine
Tochter Marta.

Der Vortag

Samstag, 8. August

Im Anfang war die Leere,
und sie stand in einem schwarzen Raum,
finster und kalt war es in ihr,
und ich warf meinen Namen in sie.

Marta wurde am Samstagabend verhaftet. Männer in Zivil waren zu der Schule gekommen, wo sie die Wahl beobachten wollte, und hatten sie aufgefordert mitzukommen. Ich erfuhr es von Natalja, ihrer Mutter. Um 19.37 Uhr schrieb sie mir auf Viber: »Dascha wurde verhaftet.«

Meine Tochter hat zwei Vornamen. Das ist bei uns nicht ungewöhnlich, wenn die Frau orthodox und der Mann katholisch ist. Auf Drängen meiner Schwiegermutter haben wir unsere Tochter mit drei Monaten taufen lassen. Der Pope gab ihr den Namen Darija. Aber als unsere Tochter größer war, entschied sie sich für ihren katholischen Vornamen. So wurde sie zu Marta-Darija. Seither heißt sie bei

Gleichaltrigen und im Freundeskreis Marta, für uns ist sie immer noch Dascha.

Als ich die Nachricht bekam, stieg ich auf den Hügel, wo der Empfang besser ist, und rief Natalja an. Seit einigen Jahren lebe ich fernab der Hauptstadt in einem Weiler in der Waldeinsamkeit an der litauischen Grenze, im »Wilnaer Vorgebirge«, wie ich die Gegend nenne. Natalja erzählte, es wäre am späten Nachmittag gegen halb fünf passiert, und Marta sei jetzt im Polizeirevier des Kastrytschnizki-Rayon. Außer ihr hätten sie noch mehrere andere Personen mitgenommen und ließen sie nicht mehr raus. Ich machte mich sofort auf in die Stadt, um ihr warme Sachen fürs Gefängnis zusammenzupacken. Marta hatte in den vergangenen Monaten in meiner Minsker Wohnung gewohnt. Natalja hat keinen Schlüssel.

Ich kann nicht behaupten, dass die Nachricht mich schockiert hätte. Irgendwie machte ich mir kaum Sorgen um meine Tochter. Bei den Wahlen vor zehn Jahren wurde sie schon mal geschnappt, beim Plakatekleben. Doch damals war sie noch keine 16 und kam schnell wieder frei. Ich wusste, dass Marta zwar ein ruhiges Naturell hat, aber eben auch einen eigenen Kopf. Nach der fünften Klasse hatte ich für sie einen Platz an einem guten Gymnasium im Zentrum von Minsk gefunden. Nach drei Jahren wollte sie plötzlich ans belarussische Untergrundlyzeum wechseln, dessen Unterricht in privaten Räumlichkeiten irgendwo am Stadtrand stattfand. Ich war eigentlich dagegen, aber auch wieder nicht so sehr, dass ich ihr den Wechsel verboten hätte. Drei Jahre lang fuhr sie jeden Tag mit dem Vorortzug zur Schule, anstatt gemütlich zu Fuß zum Gymnasium in der zentralen Straße der Hauptstadt zu gehen, welches seine Reputation mit jedem Jahr verbesserte. Ich war mir also ziemlich sicher, dass ein Aufenthalt in der Zelle Marta nicht würde brechen können, nicht in fünfzehn Tagen.

Sorgen bereiteten mir allerdings die sich häufenden Berichte über unmenschliche Haftbedingungen in den diversen Haftanstalten, Untersuchungsgefängnissen und Isolationszentren. Das Regime stellte sich auf Proteste ein und gab allen vorab zu verstehen, was sie im Gefängnis zu spüren bekommen würden: Sie werden wie Vieh behandelt, werden schmoren oder frieren (je nach dem), in stickiger Luft, im Dreck, ohne Nahrung, fast ohne Wasser, auf stinkenden, schmutzigen, verlausten Matratzen.

Ein derartiger Umgang mit Gefangenen war neu. Wir hatten zwar eine Diktatur, aber nicht die klassische harte Version, sondern die postmoderne Variante: diese seltsame Hybride einer Diktatur, die als Demokratie erscheinen möchte und sich daher das Rechtsstaatsmäntelchen umhängt und gewisse

Mindeststandards einhalten muss. Und sie wurde von Jahr zu Jahr hinfälliger und liberaler. Doch als im späten Frühjahr die Ersten ihre zwei Wochen abgesessen hatten, klang das, was sie erzählten, gar nicht mehr nach Postmoderne.

Ich wollte die Hoffnung nicht aufgeben, dass Marta mit einem Bußgeld davonkommen würde, doch auch das würde sicher nicht vor Montag geschehen.

In dem Haus, das der Batka sich gebaut hat, ist der Sonntag heilig. Da ruht nicht allein der Schöpfer, sondern es ruhen auch all die von seiner Hand geschaffenen Handlanger und die Richterschaft sowieso. Wenn also jemand am Freitag verhaftet wurde, kam er vor Montag auf keinen Fall wieder frei. Erst dann hieß es: Bußgeld oder 15 Tage. Ich war mir fast sicher, dass Marta eine Arreststrafe blühte. Einen Tag vor der Wahl am Sonntag würden sie erst recht niemanden laufen lassen. Für das Regime war es sicherer, sie zwei Wochen hinter Gittern zu haben, falls es Proteste gab, die nicht gleich in der ersten Nacht erstickt werden konnten.

Außerdem war Marta unabhängige Wahlbeobachterin, so etwas hasste der Batka. Es störte die Harmonie seiner Schöpfung. Und die Wahlen waren sein Opus Magnum. Hier war er nicht nur Schöpfer, sondern auch ein Alchemist auf der Suche nach dem Lebenselixier. Denn in der Politik wollte er auf ewig bleiben. Er schien zu spüren, dass sich an den Ufern des Gelben Flusses die finsteren Massen tummelten, die nur darauf warteten, dass sein Leichnam in schwarzen Lackschuhen aus dem Tor der Gelben Stadt geschwommen käme. Diesen Gefallen würde er ihnen nicht tun. Er musste eine Möglichkeit finden, den Dreck der missgünstigen Stimmen in das Gold des Sieges zu verwandeln.

Einer der finstersten Tyrannen des 20. Jahrhunderts soll gesagt haben, es sei unwichtig, was auf dem Stimmzettel steht, wichtig sei nur, wer die Stimmen zählt. Dies hatte der Batka tief verinnerlicht. Er hatte gelernt, richtig zu zählen, und dies so virtuos, dass noch der letzte Stimmenmist seiner Gegner zu Gold verwandelt wurde. Sein Kniff war die vorzeitige Stimmabgabe. Es musste in jener kurzen Zeitspanne geschehen, in der die Wahlurne (das alchemistische Gefäß der »Demokratie«) für mehrere Nächte allein in einem leeren, verschlossenen, dunklen Raum stand.

Die Fälschung einer demokratischen Wahl ist nicht nur eine schwere Sünde, sie ist ein Kapitalverbrechen. Perfekte Verbrechen werden in aller Stille und ohne Zeugen begangen. Sicher, man hätte die Stimmen auch nach der alten Methode »richtig« auszählen können, wie es der Vater der Völker gemacht hatte, ganz ohne alchemistische Manipulationen. Aber dann wären zu viele Menschen involviert gewesen. Die Mitglieder der Wahlkommissionen gingen landesweit in die Zehntausende. Sie wurden zwar alle gründlich überprüft, aber man konnte nie ganz sicher sein, ob nicht doch jemand sich verplapperte, etwas durchsickern ließ und am Ende sogar zu einer eidesstattlichen Erklärung gezwungen sein könnte.

Stalin hatte es leichter gehabt. Damals war es kein großes Problem, 70 000 Mitglieder von Wahlkommissionen zum Schweigen zu bringen. Notfalls wurden sie erschossen. Aber die Zeiten hatten sich geändert, und die alchemistische Formel musste dem demokratischen Schein angepasst werden. Der Batka hat sie perfektioniert. Sie lautet nun: »Was auf dem Zettel steht, ist unwichtig, wichtig ist, wann er in die Urne kommt!« Jetzt konnte man die Stimmzettel sogar korrekt auszählen, sie mussten nur vorher ausgetauscht werden.

So waren nicht mehr Zehntausende am Mysterium des Verbrechens beteiligt, sondern weitaus weniger. Keine Massen unnützer Zeugen mehr, sondern nur noch einige ergebene Gefolgsleute. Die nehmen nachts die störenden Stimmzettel aus der Urne und werfen die richtigen ein. Genial! So etwas konnte sich nur ein wahrer Künstler ausdenken.

Allerdings verstand ich zunächst nicht, wozu der Batka es nötig hatte. Er hätte auch ohne Manipulationen bei fast allen Wahlen die Mehrheit der Stimmen geholt, jedenfalls mindestens 50 Prozent. Die Opposition brüllte zwar regelmäßig »Betrug«, aber alle wussten, die Bevölkerung stand hinter ihm.

Erst später wurde mir klar, dass ihm ein normaler Sieg nicht reichte. Er musste triumphieren. Wegen der grenzenlosen Liebe, die er sich selbst zumaß, hätte ihm, dem Großkünstler, ein einfacher Sieg nicht genügt. 52 Prozent hätten ihn vom Sockel geholt und zu einem gewöhnlichen Politiker herabgestuft. Er hingegen musste mit seinen triumphalen 80 Prozent in anderen Sphären schweben.

Den Zauber der vorzeitigen Stimmabgabe hatte der Batka erstmals im Jahr 2001 erprobt. Um seinen Triumph von 1994 zu wiederholen, musste er etwa 20 Prozentpunkte draufschlagen. Später durchschaute ich die alchemistische Zahlenlogik: Der Anteil der vorzeitig abgegebenen Stimmen entsprach in etwa der Zahl der ausgetauschten Stimmzettel. Er lag meist im Bereich von 30 Prozent. Das ergab ein einigermaßen realistisches Bild: Rund 50 Prozent hatten für ihn gestimmt, 30 hatte er draufgeschlagen.

Die Opposition beschwerte sich jedes Mal, die Wahlen seien gefälscht. Und das stimmte ja auch. Nur hätte der Batka auch ohne Betrug gewonnen, allerdings nur mit knapper Mehrheit. Wahrscheinlich hat die Opposition einfach nicht erkannt, dass er ein kreativer Geist war. Dabei wollte er nicht einfach nur ein Mann der Kunst sein, sondern ein Künstler von Format.

Doch diesmal war etwas schiefgelaufen. Die üblichen 30 Prozent Zuschlag hätten nur für einen hauchdünnen Vorsprung gereicht. Für einen triumphalen Sieg musste ein unfassbares Plus her: 55 bis 60 Prozent, mehr als die Hälfte der abgegebenen Stimmen. Vor allem aber war es diesmal plötzlich schwierig geworden, die Menschen zur vorzeitigen Stimmabgabe zu animieren. Bislang hatte das Volk immer hinter dem Batka gestanden und war anstandslos wählen gegangen. Jetzt aber waren sich sämtliche Politastrologen und selbst die auf Kreml-Tarot spezialisierten Kartenleser einig, dass sich seine realen Zustimmungswerte um die 20 bis 25 Prozent bewegten. Zuverlässigere Quellen gab es leider nicht. Bereits einige Jahre zuvor hatte Er in weiser Voraussicht die Soziologie als Irrlehre und Pseudowissenschaft fast vollständig aus dem Land verbannt. Die Ergebnisse, die der klägliche Überrest ermittelte, wurden sorgsam unter Verschluss gehalten. Realistische Wahlprognosen konnte niemand abgeben, höchstens seine Geheimpolizei.

Doch jetzt rächte sich die Verbannung der Soziologie. Seine Gegner konnten eine x-beliebige Zahl in den Raum stellen und sie als Tatsache ausgeben. So kam schon im Mai der Wahlkampfslogan »Sascha 3 %« auf. Die Zahl konnte weder bestätigt noch widerlegt werden. Da aber die Mehrheit nun tatsächlich gegen den Amtsinhaber stand, wurde der Slogan rasch populär. Mehr noch, er wurde zu einem psychologischen Druckmittel, sodass »Saschas« Rating weiter sank. Die Unentschiedenen, die sich stets auf die Seite der Mehrheit schlagen, wussten jetzt, wohin sie sich besser nicht mehr orientierten.

Natürlich standen trotzdem wesentlich mehr als 3 Prozent weiter hinter dem Batka. Auch ohne »Pseudowissenschaft« konnte man sich ausrechnen, wer alles objektiv von Seiner vielleicht sogar verabscheuten Regierung abhängig war, wer etwas zu verlieren hatte und wer schlicht fürchtete, es würde ohne Ihn noch schlimmer kommen. So kam man immer noch auf etwa 20 Prozent. Aber 20 Prozent wären für den Großkünstler ein Fiasko. Als würde bei der Premiere nur ein Fünftel des Publikums applaudieren und die übrigen 80 Prozent buhen, pfeifen und mit faulen Tomaten werfen. Das ist mehr als ein Fiasko – eine Schmach und Katastrophe. Also kam es dieses Mal besonders auf die vorzeitige Stimmabgabe an.

Am Tag vor ihrer Verhaftung hatte Marta mir am Telefon erzählt, die Wahlbeteiligung in ihrem Wahllokal werde verdoppelt oder sogar verdreifacht. 50 Personen seien im Laufe des Tages gekommen, im Protokoll stünden aber 130. Hier zeigte sich die Schwachstelle der Methode. Da man so viele Stimmen draufschlagen musste, die Leute aber einfach nicht vorab zur Wahl gehen wollten, konnte der Betrug über die tatsächliche Wahlbeteiligung nachgewiesen werden.

Das über die Jahre bis ins Kleinste ausgeklügelte alchemistische Verfahren funktionierte plötzlich nicht mehr. Bezirksschuldirektor Pjotr Petrowitsch Petrow betrat wie gewohnt in seinem schwarzen Zaubermantel Schlag Mitternacht das Büro, begab sich im Dunkeln ohne Hast zum Safe und steckte 130 »richtige« Stimmzettel in die Urne. Aber die Ketzer, die draußen vor der Schule Wache schoben, wussten genau, dass zuvor nur 50 Zettel drin gelegen hatten.

Deshalb ging die unabhängige Wahlbeobachtung den Pjotr Petrowitschs auch so unsagbar auf die Nerven. Das Mysterium des okkulten Prozesses war transparent geworden. Also mussten die Zeugen beseitigt werden. Zunächst verfolgte man einen so simplen wie effektiven Ansatz – man erinnerte sich plötzlich an das Coronavirus und erklärte, aus Pandemiegründen seien nur noch maximal fünf Beobachter im Wahllokal zugelassen. Das waren in aller Regel die eigenen, bewährten Leute. Alle anderen wurden unverzüglich vor die Tür gesetzt. Aber die »Außenseiter« ließen nicht locker, sie postierten sich an der Tür, auf der Treppe, vor dem Schultor und zählten durch Lücken im Zaun, durch schmutzige Fensterscheiben und Schlüssellöcher, wie viele Menschen vorab zur Urne gingen.

Das brachte die Pjotr Petrowitschs noch mehr in Rage. Manche von ihnen verlegten sich auf Denunziationen. Sie konnten hanebüchenen Unsinn verzapfen (Hexensabbat am Schultor mit Randale, unflätigen Reden und Besenflügen über das Schulgelände stört das Wahlvolk), sofort war die Miliz vor Ort und räumte auf. Und wenn die »Hexen« protestierten, bekamen sie eine Anzeige wegen Widerstands gegen die Staatsgewalt. In den Tagen der vorzeitigen Stimmabgabe wurden im ganzen Land Dutzende solcher »Störenfriede« festgenommen. Nun also auch meine Marta.

Der erste Tag

9. August, Sonntag

Als Gregor Samsa eines Morgens aus unruhigen Träumen erwachte, fand er sich in seinem Bett zu einem ungeheueren Ungeziefer verwandelt. Er lag auf seinem panzerartig harten Rücken und sah, wenn er den Kopf ein wenig hob, seinen gewölbten, braunen, von bogenförmigen Versteifungen geteilten Bauch, auf dessen Höhe sich die Bettdecke, zum gänzlichen Niedergleiten bereit, kaum noch erhalten konnte.

Franz Kafka

Dass sie den Batka kaltmachen wollten, wurde schon im Mai deutlich, als der Wahltermin bekanntgegeben wurde.

Ich mag das Wort »kaltmachen« nicht, anders als jener, der gern Leute »auf dem Klo kaltmacht«, Fliegen von Frikadellen fernhält und mit den Kranichen zieht. Auf einmal verunglimpften sie das Batka-Figürchen im Herrgottswinkel als Kakerlake und erhoben einen Pantoffel zum Symbol des Wandels. Ich ahnte sofort, woher der Wind wehte. Moskau hatte durchblicken lassen, wie die Sache laufen sollte. Der Kreml konnte eine Revolution in Belarus nicht gebrauchen. Pantoffeln stehen nicht für Wandel. Sie vermitteln keinerlei positive Botschaft, sondern besagen höchstens: Komm in die Puschen, nimm den Pantoffel und schlag die Kakerlake tot. Die Marschrichtung war klar. Natürlich nicht Mord, aber in die Ecke sollte er gedrängt werden, wie 2010. Damals war es den Regierenden im Kreml gelungen, die Sache so zu steuern, dass der Batka mehrere Jahre im Käfig saß und Belarus Europa entrissen war. Als nächster Schritt sollte die endgültige Kapitulation folgen, die Aufgabe der Souveränität. Aber ihn komplett zu zerquetschen – das hatte nicht geklappt. Mit dem Krieg in der Ukraine verschob sich die geopolitische Lage, und der Batka konnte aus dem Käfig entwischen.

Bei diesen Wahlen nun sollte er endgültig kaltgestellt werden. Der Starze aus dem Kreml war merklich verstimmt über den lokalen Götzen, daher sein geringschätziger Tonfall. Schon im vergangenen Jahr hatte er den Batka in den Schwitzkasten genommen, um ihm die Zustimmung zur Roadmap für die Integration der beiden Staaten abzuringen. Der hatte sich nach Kräften gewehrt, war nicht eingeknickt und hatte damit die Pläne für eine »schöne und elegante« Lebensverlängerung des Starzen um zwei weitere Amtszeiten durchkreuzt, die durch eine Union beider Staaten und eine neue Verfassung herbeigeführt worden wäre. Entsprechend groß war der Frust. Also sollte das eingeübte Stück noch einmal aufgeführt werden, aber so, dass die »Kakerlake« schmählich im Schraubglas festsitzt und endlich der Deckel draufkommt.

Dafür musste man nur Chaos und Massenunruhen provozieren. Demonstrativ hart durchgreifen würde der Batka dann schon von allein. Die altbekannte Tschekistentaktik, erprobt in zahlreichen postsowjetischen Staaten: die Lage destabilisieren, alle einmal mit den Köpfen zusammenstoßen und dann »divide et impera«, bevor der Sturm sich gelegt hat. Oder besser noch, den Batka nicht einfach demütigen, sondern ihn auch noch an seiner empfindlichsten Stelle treffen – seiner Selbstverliebtheit. Schließlich arbeitete Er, das Künstlergenie, seit 26 Jahren an seinem bombastischen Gemälde mit dem Titel *Stabilität*. Es war sein ganzer Stolz und der Quell seiner Selbstbegeisterung. Ein Monumentalgemälde, 50 × 100 Meter groß, entfernt an Anselm Kiefer erinnernd, nur eben in tausend Brauntönen. Was es darstellen sollte, war nicht zu erkennen – offenbar eine braune Sonne, braunen Himmel, braune Häuser, Erde und Menschen. Ein gigantisches braunes Rechteck, ein überdimensionaler Backstein mit Namen *Stabilität*.

Und nun wollte so ein revolutionäres, vom Kreml geschmiertes Gesindel sein makelloses Bild mit Farben aus anderen Töpfen besudeln: Orange, Gelb und Blau. Der Starze sah die Reaktion des Batka nur allzu deutlich voraus. Er würde seiner Hände Werk mit erhobener Axt verteidigen. Und dem Fernsehen ein Bild bereiten, das CNN und Euronews ihm aus der Hand reißen würden!

Ich hoffte noch auf ein Wunder, damit uns das erspart blieb. Aber die Ereignisse vor den Wahlen sprachen eine andere Sprache. Der Batka witterte Meuterei und schärfte eifrig die Axt. Die ganze Woche über hatte er schon Truppen in Minsk zusammengezogen, als bereite er sich tatsächlich auf Straßenschlachten vor. Am Vortag der Wahl fuhr er höchstpersönlich sämtliche Stoßtrupps ab, als wollte er jedem Kämpfer Auge in Auge die stumme Frage stellen: »Bist du auf meiner Seite? Wirst du mich nicht verraten? Ich habe euch ja erschaffen! Ich habe euch aus Gülle gemacht, aus grauem Straßenstaub, grünem Moos und fauligem Sumpfwasser. Ich habe euch aus den ärmlichen Siedlungen, aus der abgehängten Provinz geholt. Euch Vergünstigungen, Sold und Obdach in der Hauptstadt verschafft! Ich habe euch nach meinem Bilde und Gleichnis erschaffen und euch in mein braunes Gemälde gesetzt. Also beweist mir jetzt eure Treue!«

Er wird versucht haben, seine Furcht zu verbergen, und doch werden sie sie bemerkt haben. Nein, nicht die Demonstranten fürchtete er. Der Batka war es gewohnt, die Axt zu schwingen. In seinen 26 Jahren hatte er 101 Möglichkeiten gefunden, jede Form von Protest zu unterbinden. Aber diesmal stand ihm nicht der Minsker Hipster mit einem Topf Acrylfarbe gegenüber. Ein furchteinflößenderer Feind lugte aus der Finsternis hervor. Natürlich hatte man ihm berichtet, Er war bestens informiert. Er wusste, dass auf der anderen Seite der Ostgrenze undefinierbare Truppen versammelt waren. Dass der Kreml Plan A, Plan B und Plan C hatte. Dass die Kakerlake in die Enge getrieben werden sollte. Plan B war, ihr die Axt zu entreißen und ihr die sechs Kakerlakenbeinchen abzuhacken. An C gar nicht zu denken. Und dass mitnichten ausgemacht war, dass sie es mit A bewenden lassen würden. Im Kreml würden sie ihn aufmerksam beobachten und dann nach Lage der Dinge die endgültige Entscheidung treffen. Einen der drei Buchstaben nennen. Dame, Sieben, As. Und wenn es doch die Pique Dame war und sie ihn umbringen würden? Plattmachen mit dem Pantoffel?

Er wusste, dass sie für Variante B und C ihre Leute ins Land geschleust hatten. Wie viele »Kreml-Touristen«, höfliche Männlein seines besten »Freundes«, mochten es sein? Einhundert, zweihundert, dreihundert? Von zweihundert hatte man ihm berichtet, doch die tatsächliche Zahl kannte niemand.

Ende Juli hielt der Batka es nicht mehr aus und schickte dem Kreml seine Antwort. Die 33 Angehörigen der Wagner-Gruppe, die er festsetzen ließ, waren eine klare Botschaft: »Ich klammere mich mit allen sechs Kakerlakenbeinchen an die Axt! Kampflos gebe ich das Land nicht her!«

Die Söldner wurden in der Nacht zum 29. Juli im Sanatorium »Belarussatschka« bei Minsk festgenommen. Der erste staatliche Fernsehkanal war live dabei. Wie in einem Action-Film wurde das Gebäude, in dem die »Touristen« abgestiegen waren, im Morgengrauen gestürmt. Die Gäste waren vollkommen überrascht. Sie wurden aus dem Schlaf gerissen und brutal in Gefangenentransporter verladen.

Noch am selben Tag beraumte der Batka eine außerordentliche Sitzung des Sicherheitsrates an. Er bezeichnete den Vorfall als außerordentliches Vorkommnis und bezichtigte umgehend den Kreml, ein schmutziges Spiel zu spielen. Dies sei nicht die einzige Gruppierung, die ins Land eingedrungen sei. Dabei fiel auch die Zahl »zweihundert« – 200 Kämpfer befänden sich bereits in Belarus. Mir dämmerte, mit welcher Entschiedenheit der Batka zu Werke ging – wer so viele Russen auf einen Schlag festnahm, der saß wirklich in der Falle. Und ich registrierte den schwarzen Humor des Moskauer »Freundes«. 33 Kämpfer umfasste die Abordnung der privaten Söldner aus der Wagner-Gruppe – wie in dem berühmten Märchen vom Zaren Saltan: »Hochgemut, von stolzer Schöne, auserwählte Heldensöhne, ein gewalt'ger Reckenchor, und es führt sie Tschernomor.«

Tschernomor war natürlich der Starze selbst. Und die 33 den stürmischen Fluten entstiegenen, hochgemuten Heldensöhne waren ein deutlicher Wink des »Erzfreundes« in Richtung Plan B und C.

Sofort schossen zahlreiche Verschwörungsmythen ins Kraut. Früher hätte man das als Nebelkerze vor den Wahlen abtun können. Wann immer größere Proteste drohten, hatten die Geheimdienste Gerüchte über bevorstehende Provokationen und Terroranschläge gestreut. Um die Leute von der Teilnahme an Demonstrationen abzuhalten und um ein hartes Durchgreifen vorab zu rechtfertigen.

2006 hatte das Regime erklärt, in Minsk solle das Trinkwasser mit Rattenkadavern verseucht werden und ein Sprengstoffattentat in einem Demonstrationszug sei geplant. Söldner vom Balkan, aus Georgien und der Ukraine seien dazu ins Land gekommen. 2010 hob man vor den Wahlen in einem Minsker Randbezirk eine Garage mit Waffen und Munition aus – ein Granatwerfer, Patronen, Kalaschnikows und TNT wurden sichergestellt. Angeblich hatte die Opposition einen Umsturz vorbereitet. Auf dem Höhepunkt der »Schmarotzer«-Proteste 2017 tauchte ein weiteres Waffenlager auf. 35 Personen kamen in Haft, die »Patrioten-Affäre« war geboren.

War es früher immer das Regime, das der Bevölkerung Angst einjagen wollte, so bekam es nun selbst das Flattern. Die Kämpfer waren keine mythischen Georgier mit Waffen und Rattenkadavern, sondern ganz reale Russen. Sie waren rasch identifiziert, die Hälfte der Männer hatte im Donbass gekämpft. Außerdem gehörten Sprengstoffspezialisten, EDV-Fachleute und Scharfschützen zu der Gruppe. Die perfekte Mischung für Provokationen. Das Sanatorium, in dem sie sich aufhielten, lag keine fünf Kilometer von der Residenz des Batka in Drasdy entfernt. Ein Zufall? Oder die Basis für einen schnellen Vorstoß zur Realisierung von Plan C?

□■□

Am 9. August gegen Mittag checkte ich die Lage im Netz. In Minsk waren zahlreiche unabhängige Seiten schon vor der Wahl gesperrt worden, aber mit meinem litauischen Provider konnte ich sie aufrufen. Alles sah noch relativ friedlich aus. Neue Festnahmen von Journalisten, Wahlbeobachterinnen und Menschen aus dem Umfeld der Kandidaten wurden vermeldet. Die Tageszeitung Nascha Niwa zeigte Fotos von Militärkonvois auf dem Weg in die Hauptstadt. Das Nachrichtenportal tut.by brachte eine Reportage über das Wahllokal, in dem der Batka seine Stimme abgegeben hatte.

Er gab sich recht selbstsicher, lächelte den Journalisten zu und äußerte sich herablassend, aber nicht verärgert über seine Konkurrenten. Überhaupt erinnerten sein Erscheinungsbild und sein Auftreten immer mehr an einen Zaren. Mir ist noch der Batka aus den Neunzigern präsent. Damals war mir völlig unbegreiflich, wie man so eine Figur hatte wählen können. Eine Vogelscheuche im Gemüsebeet. Hoch aufgeschossen, ungelenk, mit Riesenpranken, der quer über die Glatze gekämmten, ewig vom Winde verwehten Schmalzlocke, dem fuchtigen Schnauzbart und seinen geschmacklosen, schlechtsitzenden Anzügen. Ganz der arme Künstler, der sich auf dem Platz vor dem Gewerkschaftspalast mit dem Verkauf seiner Skizzen über Wasser zu halten versucht. Zu Schnauzbart und Anzug passten auch die Augen: der ewig lauernde, argwöhnische Blick des Usurpators, der genau zu wissen schien, dass er nur eine Vogelscheuche war, die das Volk aus unerfindlichen Gründen auf den Thron gehievt hatte.

Ich staunte nicht schlecht, als ich damals erfuhr, dass der zweite falsche Dmitri aus derselben Gegend stammte wie der Batka. Als der dann noch Ambitionen auf den Kremlthron erkennen ließ, fügte sich die Geschichte um die drei Pseudo-Dmitris zu einem stimmigen Gesamtmythos. Drei Usurpatoren aus dem historischen Litauen, drei gescheiterte Versuche, den Moskauer Thron zu kapern. Freilich mussten die ersten beiden mit dem Leben bezahlen, während der Dritte den weniger wichtigen belarussischen Thron besetzt hielt – immerhin. In dieser Zeit entstand wohl sein Hass auf den Starzen, einen damals noch weitgehend unbekannten Oberst, der plötzlich aus den Tiefen der Lubjanka aufgetaucht war. Natürlich war er damals noch kein Starze, sondern ein hoffnungsvoller, beinah noch junger Mann, gerade mal drei Jahre älter als der Batka selbst.

Wieso Jelzin damals auf ihn verfiel, ist schwer zu sagen. Vielleicht war er der Auffassung gewesen, ein »fast noch junger Oberst«, der die gute Tschekistenschmiede durchlaufen hatte, könne das Triptychon *Größe* eher wiederherstellen als ein provinzieller Möchtegern-Primitivist, der noch dazu nur Vize-Politkommandeur und Oberstleutnant war. Die in jenen Jahren gewachsene Abneigung beruhte bald auf Gegenseitigkeit. Bei jeder Begegnung fiel der Oberst durch seine leicht gerümpfte Nase auf. Hinter dem Rücken des Batka wird er abschätzig über ihn gelacht haben.

Mit der Zeit nahm die Antipathie zwischen Oberstleutnant und Oberst obszön theatralische Züge an. Bei jeder Begegnung vor der Kamera gab es heftige Umarmungen, »Nasenküsse« und gegenseitiges Schulterklopfen, als könne der eine nicht mehr ohne den anderen. Der Batka legte sich ganz besonders ins Zeug: Er freute sich wie ein Kind, drückte dem Starzen mit seinen Bauernpranken leidenschaftlich die Hand und strahlte über den ganzen Schnauz, wenn er ihn seinen besten Freund nannte. Die Liebe des »Freundes« fiel verhaltener aus: Er wandte beim Lächeln den Blick ab und ließ seine Mongolenäuglein begehrlich umherwandern. Man kann nur mutmaßen, wie ein Händedruck ohne Zeugen ausgesehen haben mag, wenn sich die beiden zum Vier-Augen-Gespräch zurückzogen. Da wird es wohl geknirscht und geknackt haben, bis die Finger blau und die Hände schwielig waren.

Mit den Jahren richtete sich der Batka auf dem belarussischen Thron ein und wirkte nicht mehr wie eine Vogelscheuche. Wie es sich für einen Satrapen im Osten gehört, wuchs Er in die Breite, bis er in seine Anzüge passte, der ergraute Glatzenschoner stach nicht mehr so ins Auge, und selbst der fuchtige Schnauz fügte sich viel organischer in das nun fülligere Gesicht ein. Nur eine Sache konnte Er einfach nicht in Ordnung bringen: seine Sprache. Sie war so hölzern wie eh und je. Sobald Er den Mund aufmachte, ging es drunter und drüber – er brachte keinen geraden Satz zustande. Ständig Gedankensprünge und Wiederholungen, angereichert mit hemdsärmeliger Umgangssprache und Kraftausdrücken. Was er meinte, musste man sich selbst zusammenreimen. Ein überaus belebendes Element seiner Rede waren Einlassungen aus einer Parallelwelt – aus dem kalten, leeren Kosmos, in dem der Geist des Großkünstlers zuhause war. Manchmal wirkte er wie ein Außerirdischer. Wir Erdenkriecher lebten hier in einer uns verständlichen Realität, Er aber kam von außerhalb und wollte uns das rechte Leben lehren, auch wenn er nur sehr vage Vorstellungen von unserer Welt hatte. Wenn er so redete, blieb sein Gegenüber sprachlos zurück und musste annehmen, entweder einen Dieb, einen Gottesnarren oder einen Heiligen vor sich zu haben. Jeder konnte wählen, was ihm am besten gefiel.

Auch jetzt äußerte der Batka sich in einem Wahllokal in der Sporthochschule über Swjatlana Zichanoŭskaja, ohne ihren Namen auch nur einmal in den Mund zu nehmen:

»Ich habe vier Hauptkonkurrenten. Ich sehe diese Person nicht als Hauptkonkurrenten. Sie haben das arme Ding zum Hauptkonkurrenten gemacht, und sie erklärt ganz offen, dass sie überhaupt nicht versteht, wo sie da reingeraten ist, warum sie das ist und was sie überhaupt tun soll. Also sollte hier niemand die Lage zuspitzen, auch nicht Sie von der Deutschen Welle. Niemand hat hier irgendwelche rechtswidrigen Repressionen unternommen und wird auch nichts Dergleichen tun. Haltet euch ans Gesetz, haltet das Gesetz ein, dann verschwindet auch das Gerede über Repressionen oder sonst noch was. Das Gesetz und nichts als das Gesetz. Wenn ihr es verletzt, werden wir reagieren. Und dann haben wir noch milde reagiert, milde. Ich sage es ganz offen, ich habe die Ordnungshüter immer zurückgehalten: ›Nicht doch!‹ Wollen Sie wissen, was ich zu ihnen gesagt habe? ›Die sind es nicht wert, dass man gegen sie irgendwelche Repressionen unternimmt.‹ Entschuldigen Sie, dass ich Ihnen dieses Geheimnis anvertraut habe. Nichts wert, politisch gesehen.«

Wie üblich bedeuteten seine Worte das genaue Gegenteil des Gesagten. Hatte man seine Botschaft erst entschlüsselt, blieben drei Hauptaussagen übrig: »Ich pfeife auf das Gesetz! Wir haben hart durchgegriffen, aber es kommt noch härter. Zichanoŭskaja ist die überraschende und gefährliche Hauptkonkurrentin.«

Ich kann mir vorstellen, wie Er sie gehasst hat. Sie und ihre beiden Begleiterinnen Kalesnikava und Zapkala, die drei Hexen, die sich im Wahlkampf über ihn lustig machten. Sie waren nicht einfach Konkurrentinnen, sie hatten sein patriarchalisches Weltbild, in dem nur echte Kerle etwas zu sagen haben, auf den Kopf gestellt. Er war der Großkünstler, der Demiurg, sie waren leichtsinnige Cabaret-Tänzerinnen. An sie würde er die Macht auf keinen Fall abtreten. Dann schon lieber an den schlimmsten Feind, der wenigstens ein Kerl ist. An ein Weibsbild niemals.

Der Batka redete weiter Kraut und Rüben, erzählte, wie er das Coronavirus überstanden hatte, und kam wieder auf sein Lieblingsthema zu sprechen: das Aufspüren von Feinden. Er klang zunehmend gereizt, als Er von den Bürgersöhnchen, den »verlausten Flöhen«, sprach, wie er sie auch gerne nannte, die hier eine Revolution veranstalten wollten. Seit den ersten Tagen seiner Herrschaft hegte er eine unüberwindbare Abneigung gegen sie. Dieser Hass hatte etwas Irrationales, er rührte von einer Art Geburtstrauma her. Er verabscheute sie aus tiefstem Herzen, nicht nur als jemand, der in der UdSSR geboren und mit den besten Errungenschaften der sowjetischen Filmkunst erzogen worden war, sondern auch als einfacher Bursche aus einer armen Familie vom Lande. Hier der Bauernsohn mit Halbbildung, dort die hochnäsigen Städter, allesamt Spekulanten, Händler, Geschäftemacher. Wären wir doch noch in der UdSSR, er würde sie mit Vergnügen einbuchten und die besonders Dreisten erschießen.

In seinen ersten Jahren an der Macht, als der Batka noch übte und die ersten Striche auf die Leinwand setzte, zeigte Er seinen Hass ganz unverhohlen. Und die Bürgersöhnchen zahlten mit gleicher Münze zurück. Sie verlachten die ungelenke Vogelscheuche, nannten ihn Schmierfink, Landei, Emporkömmling, einen Primitivisten, der nicht zeichnen kann. Er machte ihnen das Leben schwer, wo er nur konnte, und träumte von dem Tag, da er »dem letzten Unternehmer noch einmal die Hand drückt«. Offenbar träumte er damals noch davon, er könne in seiner Klein-Sowjetunion die alte Ordnung aufrechterhalten.

Dann malte er sich frei, kam auf den Geschmack und wurde selbst zum größten Kapitalisten des Landes. Ihm unterstand weiterhin der imposante staatliche Sektor mit zahllosen Leibeigenen, über den Er nach Gutsherrenart verfügte. Außerdem hatte er die privaten Großbetriebe komplett unter Kontrolle. Als Schacherkönig wollte der Batka zwar nicht mehr dem letzten Unternehmer die Hand drücken, die Bürgersöhnchen waren ihm aber noch immer verhasst. In seinem Werk war nur Platz für Big Business und eine Handvoll abhängiger Bourgeois vorgesehen. Die »verlausten Flöhe« würde er nur zu gern ausmerzen. Doch die schwerfälligen Staatsbetriebe gerieten in Schwierigkeiten, machten dicht, gingen in Konkurs, und die zugehörigen Leibeigenen mussten auf den freien Markt entlassen werden. Wo sollten sie hin, wenn nicht zu den leidigen Bürgersöhnchen? Der Batka schwankte ständig zwischen Pest und Cholera. Hielt er die kleinen Privatunternehmen am Boden, bedeutete dies Arbeitslosigkeit und sozialen Sprengstoff. Aber noch gefährlicher war es, die Leute aus der Abhängigkeit von ihm und dem Staat zu entlassen. Irgendwann wäre die kritische Masse erreicht, und die Leute würden nach Freiheit verlangen.

Genau das war in Belarus passiert. So gerne Moskau ihn in die Ecke drängen wollte – ohne eine ausreichend entwickelte revolutionäre Klasse im Land hätte das nicht gelingen können. Aber nun gab es diese Klasse tatsächlich. All die Selbständigen, Spediteure, Zwischenhändler, Auslandsverdiener, Restauratoren, Landwirte, Programmierer, Hipster, Kleingewerbetreibenden, Freiberufler und Kulturschaffenden waren das Pulver, das in die Luft gehen konnte. Ob man die Lunte nun von Osten oder von Westen anzündete.

Doch im Grunde gab es noch viel mehr Sprengstoff. Da ich schon seit Jahren auf dem Land lebe, weiß ich, wie die einfachen Arbeiter über den Batka sprechen und denken. Deren Ausdrücke kämen einem Minsker Bürgersöhnchen nie über die Lippen.

Zichanoŭskajas Reaktion ließ nicht lange auf sich warten. Offenbar kannte sie seine Äußerung vom Vormittag schon, als sie lächelnd erklärte, sollte das Volk ihn wählen, wären wir damit natürlich einverstanden. Das war die blanke Ironie, sie kannte die Umfragewerte des Batka.

Als ich mit den Nachrichten durch war, rief ich Natalja an und musste erfahren, dass sie Marta noch immer nicht ausfindig gemacht hatte. Sonst brachten sie die Verhafteten meist ins Untersuchungsgefängnis in der Akreszin-Gasse, aber da war sie seltsamerweise nicht. Ich konnte mir das nur so erklären, dass sie sich in Minsk auf Massenverhaftungen vorbereiteten und deshalb die Gefängnisse »leerten« und die Häftlinge in andere Städte verlegten. Vielleicht hatten sie Marta nach Schodsina gebracht, noch so ein beliebter Ort in unserem postmodernen Gulag. Aber Natalja erklärte, sie hätte schon versucht, dort anzurufen, ohne Erfolg.

Bislang war auf das System mehr Verlass gewesen. Wofür hatte man denn eine »Diktatur«, wenn nicht für ein reibungslos funktionierendes Gefängniswesen? Jetzt sah es beinah nach Chaos aus. Und noch etwas bereitete mir Kopfzerbrechen. Ich wollte diese Wahlen boykottieren, mir gefiel nicht, dass Marta sich engagierte. Da ich mich für keinen der Kandidaten erwärmen konnte, wollte ich auch niemanden wählen. Die drei »Grazien«, die den Batka herausgefordert hatten, waren mir sympathisch, aber da mir klar war, wer und was dahinterstand, konnte ich die Begeisterung in meinem Freundeskreis nicht teilen. Ich hoffte nur, dass wir mit möglichst geringen Verlusten aus dieser Schachpartie des Kremls herauskämen – wenn dies auch mit jedem Tag unwahrscheinlicher wurde. Schon seit einiger Zeit bedrückte mich die Vorahnung einer heraufziehenden Katastrophe.

Gestern noch war Marta zu mir in den Weiler gekommen, wir hatten uns sogar gestritten. Ich hatte versucht, ihr zu erklären, dass das Szenario von 2010 sich wiederholen könnte, dass die Zeit für einen Aufstand noch nicht gekommen und jede Destabilisierung zum jetzigen Zeitpunkt riskant sei. Aber sie wollte nicht auf mich hören. Schließlich war sie wutentbrannt hinausgestürmt. Über die Wahlen haben wir dann nicht mehr gesprochen.

Wahrscheinlich hatte ich mich an das Warten gewöhnt. Doch ihre Generation wollte nicht länger warten.

◻◼◻

Im Laufe des Tages kamen immer wieder Meldungen von langen Schlangen vor den Wahllokalen. Nie zuvor hatte ich vor den Schulen, in denen man seine Stimme abgeben konnte, so viele Menschen anstehen sehen. Die hohe Wahlbeteiligung hatte sich schon abgezeichnet, als sich bei den Unterschriftensammlern für Zichanoŭskaja und Babaryka kilometerlange Schlangen bildeten. Schon dort war der Batka-Überdruss sichtbar geworden. Die Menschen waren bereit, jeden zu wählen, Hauptsache nicht ihn.

Was jahrelang im Verborgenen gegärt hatte, brach nun hervor. Am Tag vor der Wahl kursierte ein Aktionsplan für den Sonntagabend. Alle sollten sich um 20 Uhr, unmittelbar nach Schließung der Wahllokale, dort einfinden und die Verkündung der Ergebnisse abwarten. Sollte es zu massiven Fälschungen kommen, würde man sich um 22 Uhr an der Siegessäule, der Stele, wie wir sie nannten, zum Protest versammeln.

Nie zuvor hatten die Batka-Gegner so viele Möglichkeiten geschaffen, die Manipulationen sichtbar zu machen. Obwohl unabhängige Nachwahlbefragungen und Umfragen schon lange verboten sind und keinerlei Aussicht bestand, dass bei der Auszählung der Stimmen unabhängige Beobachter zugegen sein können, hatten sie doch Wege gefunden. Gleich mehrere Methoden standen zur Verfügung: Fotos der ausgefüllten Stimmzettel an die Online-Plattform »Golos« senden – am Tag vor der Wahl hatten sich dort über eine Million Menschen registriert. Kleine weiße Armbänder tragen, wenn man nicht für den Batka stimmt. Den Stimmzettel auf eine bestimmte Weise falten, damit in den transparenten Urnen noch vor der Auszählung sichtbar ist, auf wen die meisten Stimmen entfallen sind.

Natürlich hatte jede Methode ihre Schwächen. 1,2 Millionen Menschen waren nur ein Fünftel der Wahlberechtigten, die Stimmzettel mit Ziehharmonikafaltung fielen kaum ins Gewicht neben den vielen glatten, die (mit Gruß von Stalin) nachts untergemischt wurden. Und doch waren diese Ideen geeignet, das Ausmaß der Fälschungen anschaulich werden zu lassen. Und dass dieses Ausmaß beträchtlich sein würde, stand außer Frage.

Außerdem wurde so der Druck auf die Mitglieder der Wahlkommissionen erhöht. Nie zuvor hatten sie ihre Manipulationen vor den Augen derart vieler Beobachter vornehmen müssen. Diesmal konnten sie ihr Verbrechen nicht im stillen Kämmerlein ohne Zeugen begehen, sondern wussten, dass zahllose aufmerksame Betrachter um 20 Uhr vor den Wahllokalen stehen würden, um die Protokolle mit den Endergebnissen zu studieren und sie mit ihren tagsüber gemachten Beobachtungen abzugleichen.

Die Stele als Versammlungsort war klug gewählt. Dort gab es Fluchtwege, wenn die Miliz kam. Und doch bestand an diesem sonnigen Augusttag noch die leise Hoffnung, dass alles glimpflich abgehen könnte: Das Regime ist klug und übersieht die Demonstration, um etwas Dampf aus dem Kessel zu lassen. Nur Provokationen wären dann noch zu befürchten. Seit Tagen schon kursierten Gerüchte, der Kreml habe eine Menge »Touristen« geschickt, die dafür sorgen sollen, dass die Proteste nicht friedlich bleiben.

Ich ertappte mich sogar bei einem gedanklichen Verrat: Gut, dass Marta nicht zur Stele gehen kann. Sie hätte dies auf jeden Fall getan, nicht einfach, um wie die anderen zu protestieren, sondern, um alles mit der Videokamera zu dokumentieren, natürlich ohne Akkreditierung. Da konnte sonst etwas passieren. Man munkelte sogar, die »Gäste« könnten auf den OMON schießen, um ein Blutbad zu provozieren.

Aber das wollte ich dann doch nicht glauben. Immer wieder kamen mir Szenen aus alten Sowjetfil-

47

men über den Juni '41 in den Sinn. Auch so ein sonniger, friedlicher Samstag. Ein warmer Frühsommerabend, die Sonne geht unter, über den weiten Feldern fröhliche Lieder von der herrlichen, lichten Zukunft, die schon morgen anbrechen würde. Am nächsten Tag brach der Krieg aus.

Abends telefonierte ich noch einmal mit Natalja. Noch immer nichts Neues von Marta. Auch die Anwältin, die meine Ex-Frau inzwischen engagiert hatte, konnte sie nicht finden. Natalja machte sich Sorgen. Ich auch. Wir konnten uns nur damit beruhigen, dass morgen eigentlich die Verhandlung angesetzt war und somit Marta wieder auftauchen sollte.

◻◼◻

Wer diese Zahl hingepinselt hat und weshalb, ist schwer zu sagen. Vielleicht wollten die Pjotr Petrowitschs, seit jeher bemüht, jeden seiner geheimsten Wünsche zu erahnen, ihrem Herrn und Meister eine Freude machen. Vielleicht war auch ein Maulwurf aufgetaucht, ein Pjotr Warfolomejitsch, der für das andere Kontor arbeitete und auf dessen Geheiß Öl ins Feuer goss. Vielleicht war aber auch der Batka, als er die Ablehnung spürte, aus der Haut gefahren, hatte mit dem Fuß aufgestampft und gebrüllt: »Doch! Das Volk liebt mich! Ich will triumphieren, wie früher! Achtzig Prozent, drunter mach ich es nicht!«

Wie auch immer, die Folgen waren fatal.

Um 20 Uhr schlossen die Wahllokale, schon um 20 Uhr 10 gab es die ersten offiziellen Ergebnisse. Die Zahlen trafen alle wie ein Schock: fast 80 Prozent für den Batka.

Mir war sofort klar, dass die Katastrophe eingetreten war. Ein Aufruhr war unvermeidlich. Das Regime verhöhnte nicht einfach schamlos den gesunden Menschenverstand, es spuckte den Wählerinnen und Wählern offen ins Gesicht. Wäre es klüger vorgegangen und hätte große Proteste vermeiden wollen, hätte es sich nicht zu dieser Zahl verstiegen. Alles knapp über 50 Prozent, 55, 57, sogar 62 hätten viele noch hingenommen. Proteste hätte es in jedem Fall gegeben, aber eher kleine, die rasch versiegt wären. Aber 80 Prozent – das war eine Provokation.

In den ersten Minuten dachte ich tatsächlich, im Umfeld des Batka gäbe es ein paar Maulwürfe und die Zahl sei Teil eines Kreml-Plans, der Unruhen schüren sollte.

Unmittelbar nach den ersten offiziellen Angaben kamen wie zur Antwort Zahlen aus den zwanzig Wahllokalen im Ausland. Über 80 Prozent für Zichanoŭskaja. Natürlich sind die meisten Belarussen im Ausland generell eher oppositionell eingestellt, und doch bestätigten diese Zahlen das Ausmaß der Fälschungen.

Zu diesem Zeitpunkt war die Minsker Innenstadt bereits praktisch abgeriegelt, die Metrostationen Kupalaŭskaja, Kastrytschnizkaja, Perschamaiskaja, Frunsenskaja und Njamiha waren geschlossen. Fotos auf unabhängigen Websites zeigten, dass die verbotene Gelbe Stadt, das Allerheiligste des Regimes, von der Janka-Kupala- bis zur Maskoŭskaja-Straße komplett von schwarz uniformierten Spezialeinheiten umstellt war. Am Palast der Offiziere und hinter dem Platz der Weisheit (der Unabhängigkeit) stand jede Menge Militärtechnik bereit.

Irgendwie sprach sich herum, dass sich Leute von überall her in Richtung Innenstadt bewegten. Die Straßen versanken in Hupkonzerten. Manche Wahllokale hatten da noch gar nicht geschlossen. Es waren so viele Leute gekommen, dass mancherorts beschlossen wurde, sie auch nach 20 Uhr einzulassen. Kuriose Meldungen machten die Runde. In einem Wahllokal lag die Beteiligung über 100 Prozent. Offenbar hatte es der zuständige Pjotr Petrowitsch mit den alchemistischen Ingredienzien etwas zu gut gemeint und nachts viel mehr Stimmzettel eingeworfen als die Wählerlisten hergaben.

Vor zahlreichen Wahllokalen hatten sich bereits Menschen versammelt, die auf die Protokolle mit den offiziellen Ergebnissen warteten. Bald hieß es, dort hätten erste Verhaftungen stattgefunden.

Kurz nach 21 Uhr fiel mir auf, dass auf meiner Facebook-Chronik seit einer Stunde nur noch Posts von Freunden aus dem Ausland eingegangen waren. Alle Posts aus Belarus waren wie eingefroren. Im Laufe des Tages war schon zu hören, in Minsk gebe es Schwierigkeiten mit dem Internet, die Geschwindigkeit sei rapide gesunken, viele Seiten ließen sich nicht mehr öffnen, aber wenigstens gab es noch Netz. Nun war das Unvorstellbare eingetreten: Sie hatten das Internet im ganzen Land abgeschaltet.

Bei den Portalen Belsat und Radio Svaboda verschwanden nach 21 Uhr die Videoschalten zu den Korrespondenten vor Ort. Sie waren nur noch per Telefon erreichbar, und auch diese Verbindungen konnten jeden Augenblick gekappt werden. Nur für mich, hier am Ende der Welt, gab es dank des litauischen Providers noch Internet. Auf den Nachrichtenseiten las ich, dass im ganzen Land Proteste aufgeflammt waren. Tausende strömten in die Innenstädte von Brest, Wizebsk, Baranawitschy und Mahiljoŭ, mancherorts gab es schon heftige Zusammenstöße und Verhaftungen.

Kurz nach 22 Uhr wurde von einer Pressekonferenz im Stabsquartier von Swjatlana Zichanoŭskaja berichtet, wo sensationelle Zahlen die Runde machten. In einigen Dutzend Wahllokalen überall im Land hatte man sich nicht an den Fälschungen beteiligt und die tatsächlichen Ergebnisse veröffentlicht. Nach diesen Zahlen hatte Zichanoŭskaja bereits im ersten Wahlgang gesiegt. Es gab sogar Wahllokale (Nr. 26 in Nowaja Barawaja), in denen sie auf über 80 Prozent kam. Das sah nun schon nach einer erheblichen Störung im System aus. Nie zuvor hatte eine Wahlkommission einen derartigen Schritt gewagt. Jetzt aber hatten sich unter den gesichtslosen Pjotr Petrowitschs offenbar Einzelne gefunden, die nicht länger zu den Verbrechen beitragen wollten.

Erst gegen 23 Uhr stand dann ein Videomitschnitt der Pressekonferenz im Netz. Diese vierzig Minuten hatte es wohl gebraucht, um die Datei persönlich in der Redaktion von Radio Svaboda abzuliefern, damit sie dort über Satellit online gestellt werden konnte. Swjatlana Zichanoŭskaja wirkte ratlos und verschreckt. Die Angst stand ihr ins Gesicht geschrieben, mit einem gequälten Lächeln war das nicht zu überspielen. Sie verkündete ihren Sieg in Zahlen und erklärte, sie werde nicht auf die Straße zu den Demonstranten gehen, ihr Platz sei momentan im Stab.

Sie wusste natürlich, dass ihr nun eine Anklage wegen der Organisation von Massenunruhen drohte, also zwischen fünf und fünfzehn Jahre Gefängnis. Und da ihr klar war, was sich in diesen Minuten auf den Straßen von Minsk abspielte, ging sie lieber etwas auf Distanz zu den Protesten.

◻◼◻

Die ganze Nacht hindurch schaute ich mir wie im Fieber immer wieder dieselben Bilder an. Es hatte etwas Unwirkliches. Das Internet im ganzen Land war lahmgelegt, deshalb wiederholten die Nachrichtenportale in Endlosschleife die wenigen Aufnahmen, die sie hatten ergattern können.

In einem der Videos zerren mehrere Typen mit schwarzen Sturmhauben jemanden zu einem Gefangenentransporter. Dann strömt eine Menschengruppe einen Hügel hinab, stürmt auf die »Sturmhauben« zu und kriegt die Gefangenen wieder frei.

Im nächsten, aufgezeichnet vor dem Kino »Moskwa«, stehen dicht an dicht Männer auf einer Mauer den OMON-Reihen gegenüber und skandieren: »Uchodi!« (Weg mit dir!) Die Situation kann jeden Moment kippen, nach ein paar Sekunden reißt sich einer das Hemd vom Leib, springt von der Mauer und geht auf die Bullen los. Sofort stürzt der Rest der Gruppe ihm nach. Wie die Prügelei ausgeht, ist nicht zu sehen. Der Film bricht ab, wird unmittelbar abgelöst von einem weiteren Fragment, in dem

»Sturmhauben« mit Schlagstöcken wild auf die Leute vor den Glastüren eines Einkaufszentrums eindreschen. Frauen schreien in Panik. Im Video fällt auf, dass die OMON-Leute in Schwarz sich auch Personen schnappen, die nur zufällig dort vor der Tür stehen und keine Anstalten machen wegzurennen.

Im dritten Video fährt ein Gefangenentransporter mit hoher Geschwindigkeit in eine Gruppe Demonstranten. Als das riesige, klobige Fahrzeug abbremst, umringen es sogleich aufgebrachte Menschen, klettern auf den Führerstand, auf die Karosserie. Im nächsten Moment fährt das Monstrum wieder an, die Menschen purzeln herunter, nur vorn auf der Stoßstange hält sich direkt vor der Frontscheibe ein junger Mann. Das Fahrzeug beschleunigt, aber der Mann kann nicht mehr abspringen, das Tempo ist schon zu hoch. Da fährt der Fahrer abrupt eine Schlangenlinie, um ihn abzuschütteln. Im nächsten Moment kann der Mann sich nicht mehr halten und kommt unter die Räder.

Diese Sequenz lief auf diversen Portalen, immer wieder. Nun war eingetreten, was alle befürchtet hatten. Das erste Blut. Ein Mord, live, vor Millionen von Zuschauern. Der Mann hatte keinerlei Überlebenschance. In dem Mitschnitt ist zu sehen, wie das schwere Gefährt ihn unter sich begräbt. Wieso hatte der Fahrer das getan? Wahrscheinlich hatte er einen Schreck bekommen, aber die Leute waren ja zurückgewichen, ein Einzelner auf der Stoßstange stellte keinerlei Bedrohung mehr dar. Und wenn es nicht der Schreck war, sondern Vorsatz? Nach den Vorschriften hätte der Fahrer ihn bei der nächsten Einheit abliefern müssen. Stattdessen hat er den Mann absichtlich bei hoher Geschwindigkeit von der Frontscheibe geschleudert, wohl wissend, dass dieser das kaum überleben würde.

Ich sah mir diese drei Videos immer wieder an. Mehr Material gab es zu diesem Zeitpunkt noch nicht. Gegen Mitternacht tauchten dann die ersten Fotos auf. Ich klickte mich abwechselnd durch die Newsfeeds von tut.by und Nascha Niwa und durch die Streams von Belsat und Radio Svaboda. Die Korrespondenten vor Ort berichteten über Telefon.

Auf allen Portalen war von zahlreichen Zusammenstößen mit der Miliz und von Massenverhaftungen die Rede. Die Wogen schwappten durch das gesamte Land. In Pinsk hatten sich etwa zweitausend Menschen auf dem zentralen Platz vor dem Stadtexekutivkomitee versammelt. Offenbar waren die dortigen Einheiten nach Minsk beordert worden, sodass lediglich zwanzig OMON-Männer der Menge gegenüberstanden. Deshalb trat sogar der Bürgermeister vor die Protestierenden und versuchte sie zu beruhigen.

Auch in Brest kamen viele Tausende zu einer Kundgebung zusammen. Dort wurde Tränengas eingesetzt, um die Versammlung aufzulösen. Tausende waren auch auf dem zentralen Platz in Baranawitschy. In Hrodna standen Hunderte auf dem Sawezkaja-Platz, einige Dutzend hatte man schon festgenommen. Ähnlich sah es in Mahiljoŭ aus. Dort kassierten sie ebenfalls die Leute ein. Überall gab es Zusammenstöße.

In Minsk hatten sich Zehntausende im Stadtzentrum versammelt. An der Njamiha gab es einen gewaltigen Stau. Autos hupten, Leute kletterten auf die Dächer, schwenkten Fahnen und riefen: »Uchodi!« Auf dem Mascheraŭ-Prospekt hatten sie Dutzende Polizeibusse und Gefangenentransporter zusammengezogen. Die Protestierenden wurden von der Straße in die Wohnviertel abgedrängt. Es gab massenhaft Festnahmen und Schläge.

Kurz nach 22 Uhr waren die ersten Detonationen zu hören. Bilder gab es noch nicht, aber die Journalisten teilten mit, es handle sich vermutlich um Blendgranaten.

Außerdem kamen weiterhin neue Nachrichten aus den Wahllokalen herein. Immer neue Fotos ungefälschter Protokolle belegten, dass Swjatlana Zichanoŭskaja die Mehrheit der Stimmen bekommen hatte. In einigen Bezirken machten die Kommissionen die Ergebnisse erst gar nicht publik. Sie retteten sich vor dem Volkszorn, indem sie die Schulen unter dem Schutz des OMON durch die Hinterausgänge verließen.

□■□

Der zentrale Schauplatz des Geschehens in dieser Nacht war jedoch die »Stele«. So wird im Volksmund die Siegessäule beim neuen Museum des Großen Vaterländischen Krieges genannt, die von einer kleinen Anhöhe aufragt. Im Norden schließt sich ein weitläufiges Parkgelände an, im Süden locker bebaute Wohnviertel. Außerdem kreuzen sich dort zwei breite Hauptverkehrsstraßen. Ein derart offenes Gelände abzuriegeln ist praktisch unmöglich.

Wer zu Protesten an diesem Ort aufrief, hatte die Lehren aus dem gescheiterten Maidan von 2010 gezogen. Damals hatten die Organisatoren die Leute in die Innenstadt gerufen, in das enge, abgeschlossene Territorium der Gelben Stadt, und sie damit faktisch in eine Falle gelockt. So hoch die Zahl der Demonstrantinnen damals auch war – rund 40 000 Menschen saßen fest zwischen den undurchdringlichen Steinwänden der Regierungsgebäude. Es gab kein Entrinnen.

Ich kann mich noch gut an die Auflösung der Versammlung am Lenindenkmal erinnern. Die Leute standen auf diesem gigantischen Platz, von allen Seiten fielen die »Kosmonauten«, wie sie damals getauft wurden, über sie her. Noch nie hatte ich so viele von ihnen auf einmal gesehen. In einer nicht enden wollenden Phalanx strömten sie auf den Platz und teilten ihn in mehrere Sektoren auf. Zuerst abgetrennt wurden jene, die in dem U-förmigen Bereich vor dem Palast der Weisheit (dem Regierungsgebäude) standen. Sie hatten keinerlei Chancen zu entkommen. An drei Seiten waren sie von hohen Mauern eingekeilt.

Die schwarze Phalanx, die zur Abschreckung mit ihren Metallschilden schepperte, teilte den Platz auf, schlug aber noch nicht los. Sie entwarf ein riesiges Schachbrett und stellte erst einmal die Figuren auf. Die schwarzen Türme (große, klobige Gefangenentransporter, rollende Gefängnisse) blitzten schon um die Ecke. Die schwarzen Springer und Läufer besetzten die Schlüsselpositionen und hielten sich bereit, Befehle zu erteilen. Hätten sie die schwarzen Bauern nur an der westlichen Flanke in Stellung gebracht, von der aus sie auf den Platz strömten, und hätten dann den ersten Zug gemacht, wären die 40000 Weißen unweigerlich vor ihnen nach Osten geflohen. Bei einer Massenpanik im engen Flaschenhals am Anfang des Prospekts hätte es wohl Tote gegeben. Aber der schwarze König konnte keine Toten gebrauchen, er wollte die Weißen nur einschüchtern und bestrafen. Deshalb ordnete er seine Bauern so an, dass es kein Entkommen gab.

Sobald alle Figuren in Position waren, erging das Kommando. Die Schwarzen eröffneten die Partie, das Chaos nahm seinen Lauf. Die »Kosmonauten« kamen von allen Seiten, deshalb wusste niemand, wohin er rennen sollte. Die Leute rasten durcheinander, auf der Suche nach einer Bresche. Ja, das war Wagner, sein *Walkürenritt*. Riesige schwarze Flügelwesen zogen ihre Kreise. Zum unheilvollen Dröhnen ihres Schildgefieders und dem Sturmgeläut der Kirchenglocken trieben sie ihre Opfer in den finsteren Schlund der mobilen Gefängnisse. Zwischendurch zerfiel das Gefieder immer wieder, auf Wagner folgte dann Chatschaturjans *Säbeltanz*. Wie rasend prügelten die »Kosmonauten« mit ihren schwarzen Schlagstöcken drauflos und schleiften ihre Opfer umstandslos zu den Transportern.

An der Stele war eine solche Umzingelung unmöglich. Ich wechselte zum Stream von Belsat, dessen Korrespondenten aus den oberen Etagen eines Hochhauses das Geschehen über Satellit ins Studio übermittelten. Auf dem Prospekt der Sieger waren bereits Tausende unterwegs, dazu ein gewaltiges Arsenal an Einsatzfahrzeugen.

Was sich da beim Museum des Großen Vaterländischen Krieges abspielte, hatte nichts von Wagner oder Chatschaturjan. Das war eher Ravels *Boléro*. Eine ausgedehnte, sich vielfach wiederholende Eröffnung. Die Dunkelheit brach über die Stadt herein, und Tausende schritten im Rhythmus des spanischen Tanzes den endlosen Feldern um die Stele entgegen. Sie verteilten sich weiträumig, da es keinen fest umgrenzten Platz, kein Zentrum gab. Ähnlich rhythmisch und ausdauernd bewegte sich auch die braungrüne Armee des Batka auf die Siegessäule zu.

Die Speerspitze bildete der effektvolle Aufzug der in Aussehen und Funktion gleichermaßen abstoßenden Gefangenentransporter – in ihrer Synthese aus Sowjet-Lkw und Kolchos-Kastenwagen die Quintessenz autoritärer Automobilindustrie. Nach ihnen fielen immer neue Instrumente in den Rhythmus des monotonen Aufmarschs ein: noch widerlichere braun-grüne Gefangenentransporter, die aussahen wie mobile Krematorien. Ihnen folgte eine Kolonne schwarzer Kleinbusse – das moderne Äquivalent zum »Schwarzen Raben« der Stalinära. Was damals die berühmte »Emka« war, der GAZ M1, war heute ein Volkswagen oder Ford.

»Kosmonauten« gab es diesmal nicht. 2010 hatten seine schwarzen Bauern in ihrer Wintermontur und den schwarzen Kugelhelmen tatsächlich wie Außerirdische gewirkt. Diesmal kamen sie nur allzu irdisch daher. Als hätte man sie geradewegs aus dem glühenden Erdinneren gezogen. In ihren schwarzen Uniformen, mit den hochgekrempelten Ärmeln und den gesichtslosen Sturmhauben, hatten sie etwas Teuflisches. Andere schienen Kuhmägen entsprungen zu sein. Sie hatten die Farbe von Kuhfladen, trugen Helme und große, flache Schilde. Die Soldaten des Batka, geformt aus grauem Straßenstaub, grünem Moos und Kuhmist.

Lange blieb alles ruhig. Die Demonstranten zogen in Richtung Stele, skandierten, schwenkten Fahnen und leuchteten mit ihren Handys. An den Rändern schnappten sich die Sturmhauben einzelne Leute und schleppten sie in einen Transporter. Insgesamt machten die »Kuhfladen« aber einen eher verlorenen Eindruck. Sie hatten hier nichts zu verteidigen. Eine offene Kreuzung zweier Hauptverkehrsadern, an der sich nicht ein einziges strategisch bedeutsames Objekt befand. Außer vielleicht der hohe rot-grüne Sperrholzkasten mit der Aufschrift »Wahlen 2020« an der Ecke, der im Internet längst für Hohn und Spott gesorgt hatte und als Phallus oder Sarg verlacht worden war. Außerdem waren die Soldaten selbst umzingelt von Demonstranten, die aus allen Richtungen zusammenströmten und sie allmählich umstellten.

Von Zeit zu Zeit erhielten die »Kuhfladen« offenbar Kommandos, dann rückten sie im Dreivierteltakt langsam vor. Mit ihrer schweren Ausrüstung waren sie aber zu unbeweglich, um mit der leichten Kavallerie der Protestierenden Schritt zu halten. Nur mit Schüssen vermochten sie sie zu ärgern. Dann erleuchteten die Blitze der Blendgranaten den nächtlichen Himmel. Detonationen waren zu hören, und die Straßenkreuzung versank in dichtem Rauch.

Kurz vor Mitternacht verlor der Batka dann offenbar die Nerven, und seine Armee ging zum Generalangriff über. Sämtliche Instrumente legten aus dem Nichts einen großen Tutti-Einsatz hin. Den Vortritt vor den MAZ-Kästen bekam die beste verfügbare Technik, die neuen Fords der Miliz mit ihren vergitterten Fronten. Mitten auf dem Prospekt brachte sich ein prächtiger kanadischer Wasserwerfer in Stellung, ein stylishes dunkelblaues Design-Gefährt. Aber auch die Kolchoskästen reihten sich ein und folgten langsam dem übrigen Gerät.

Wieder gab es ein ohrenbetäubendes Dröhnen, Funken stoben, vereinzelte Schüsse und Detonationen hallten. Einmal mehr verschwand alles im Rauch. Die »Kuhfladen« machten sich, aufgereiht zu einer hundert Meter breiten Front, an die Eroberung der Leere. Im Dreivierteltakt zogen sie monoton die Straße hinunter und drängten die Demonstranten hinaus in die Nacht.

□■□

Was mag Er in diesem Moment empfunden haben? Er wird die Schlacht ja intensiv verfolgt haben vor seinen vielen Monitoren. Auch wenn im ganzen Land das Internet abgeschaltet war, dürfte ihn eine Regierungsleitung mit Bildern versorgt haben. Fühlte er sich verletzt, als er die Straßen der Stadt, die ihn nicht mehr wollte, aus unterschiedlichen Blickwinkeln betrachtete? Empfand er Hass? Wut? Oder sah er sich als Oberkommandierender und erteilte höchstpersönlich die Befehle? Steuerte er mit dem Joystick die Kolchoskästen? Stellte er mit den Pfeiltasten die »Kuhfladen« in Reih und Glied? Flogen Granaten auf die Demonstrantinnen, wenn er auf »Enter« drückte? Gab der Wasserwerfer einen Strahl von sich, wenn er seine Bauernpranke auf den großen roten Knopf klatschte?

Oder spielte er Bajan und wischte sich mit der groben Faust eine einsame Männerträne aus dem Augenwinkel? Wie damals, in der frostigen Nacht des Jahres 2010? Kam ihm, als er die hölzernen Finger rührte, ein Wagnermotiv in den Sinn? Und riss er anschließend, als hätte er einen spontanen Entschluss gefasst, mit aller Macht den Balg auf, um in Höchstgeschwindigkeit, fernab der Harmonien, schief und krumm Chatschaturjans *Säbeltanz* zum Besten zu geben? Oder Ravels *Boléro*? Oder doch etwas aus Kindertagen? Eine altvertraute Weise? *Dampfer, halt ein? Wächst ein Schneeball vor dem Haus?* Oder *Die einsame Harmonika*?

Zu den Klängen seiner einsamen Harmonika stießen die »Kuhfladen« weiter vor und drängten die Menge in die Stadt zurück, bis ein gewaltiger Stau entstanden war. Die Straße war längst gesperrt, unzählige Fahrzeuge steckten fest. Sie hatten keine Möglichkeit mehr, zu wenden oder auszuweichen. Und nun bewegten sich nicht nur die »Kuhfladen«-Bauern auf den Pkw-Pfropfen zu, sondern auch der ab und zu seinen teuflischen Samen verspritzende dunkelblaue Design-Wasserwerfer mit der ganzen Armada von Miliz-Kolchoskästen im Gefolge. Da gingen einem Fahrer die Nerven durch – ein langer Bus löste sich aus dem Stau und versuchte im Angesicht des Wasserwerfers zu wenden. Im ersten Moment dachte ich, der Fahrer wolle die Straße blockieren. Aber wahrscheinlich hatte er es einfach mit der Angst bekommen und so den Verkehr komplett zum Erliegen gebracht. Der gesamte motorisierte Stoßtrupp der Angreifer geriet nun vor dem querstehenden Gelenkbus ins Stocken und wusste nicht weiter.

Aber offenbar regte sich der Joystick erneut, und der schwerfällige dunkelblaue Wasserwerfer umfuhr das Stauende, um über den Gehweg auf die leicht ansteigende Grünfläche zu gelangen. In seinem Windschatten folgten in langer Reihe die schwarzen Kleinbusse und Transporter.

Die Kämpfe verlagerten sich dann in andere Straßen der Stadt. Die Kamera in der obersten Etage des Hochhauses an der Stele hielt weiter auf die Straße, auf der immer wieder unter Sirenengeheul Rettungswagen vorbeirauschten. Die letzten verbliebenen »Kuhfladen« traten tatenlos von einem Bein aufs andere.

□■□

Am Morgen erwachte ich mit dem Gefühl, dass Marta mich rief. Ich konnte ihre Stimme körperlich spüren. Ich wusste, sie lag wach und hatte Angst, sie fühlte sich verlassen. Sie war in einer unbekannten Zelle, in einer unbekannten Stadt, und sandte mir ein Signal, hierher, an diesen stillen, seligen Ort am Rande der Welt, am Ufer des Gelben Flusses.

Warum hatte ich ihr nicht ausgeredet, Dokumentarfilmerin zu werden? Sie nicht zu einem Studium in Europa überredet? Fast alle ihre Freunde aus dem Untergrundlyzeum hatten sich so entschieden.

Aber sie wollte weder Managerin noch Programmiererin werden. Sie wollte Kunst machen. Vor allem aber wollte sie nirgendwo hingehen. Auch ich habe nie daran gedacht, das Land für immer zu verlassen. Daher sympathisierte ich mit ihrem Wunsch zu bleiben. Ich hatte gehofft, ich könnte ihr bei ihrer Suche nach dem richtigen Beruf behilflich sein. Damals war ich selbst in der Filmbranche tätig und hoffte, dass meine Kontakte und Erfahrungen für sie nützlich sein würden. Doch dann kam die Revolution von 2010, und die Türen, die sich in der kurzen Tauwetterzeit zuvor geöffnet hatten, schlugen mir sofort wieder vor der Nase zu.

So wurde aus ihr eine unabhängige Drehbuchautorin und Regisseurin in einem Land, in dem sie unter dem herrschenden Regime ganz gewiss keine Anstellung finden würde. Arbeitslosigkeit, gelegentlich mal ein kleiner Auftrag. Natürlich wollte ihre Generation, dass dieses Regime so schnell wie möglich verschwindet.

An Schlaf war nicht mehr zu denken. Ich stand auf, draußen war es noch dunkel. Bei Nacht wirkte der Gelbe Fluss schwarz.

Der zweite Tag

10. August, Montag

Und ich sprach: Dies ist mein Blut!
Brecht es in tausend Teile,
Und flößt es meinen Feinden tropfenweise ein.

Diktaturen sind dumm. Irgendwann unterläuft ihnen in ihrer Dummheit ein Fehler, und das Verhängnis nimmt seinen Lauf. Überheblichkeit ist auch eine Form von Dummheit. Der Batka leistete sich seinen selbstmörderischen Fehler im Frühling. Dabei hatte eigentlich alles so gut für ihn ausgesehen! Mit dem Beginn des Krieges in der Ukraine war Er nicht mehr der letzte Diktator Europas. Allenfalls die Nummer Zwei. Aber verglichen mit dem Kreml-Starzen konnte man ihn kaum noch als Diktator bezeichnen. Ein autoritärer Herrscher eben, wie es sie in Hülle und Fülle gibt, ganze Wagenladungen und noch ein Wägelchen voll hintendran.

Und dann das Alter. Auch Diktatoren altern. Die Kräfte lassen nach, der einstige Eifer für Einschüchterungen und Züchtigungen schwindet. Es wird Zeit, an den Ruhestand zu denken. Noch ein Weilchen, dann legt er einen schönen Abgang hin, gleitet in weißem Hemd und schwarzem Anzug den Gelben Fluss hinab, begleitet von Blicken ohne Hass. Hier und da wird man, wer weiß, gar eine stumme Träne verdrücken. Er wird in die Geschichte eingehen nicht als der greise Irre, sondern als eigenwilliger, aber weiser Herrscher. Nicht als bösartiger Götze, sondern fast als Messias. Als wunderlicher, aber durchaus begabter Künstler.

Sicher, es hatte da ein paar Jugendsünden gegeben. Aber wer erinnerte sich denn noch daran. Eine Handvoll Menschen, verschwunden irgendwann in den Neunzigern, du meine Güte. Der »geliebte Bruder« hatte Tausende auf dem Gewissen. Zumal nebenan Krieg herrscht. Selbst frühere Feinde hat er davon überzeugen können, dass bei einem Machtwechsel sofort der »Bruder« mit seiner hybriden »Liebe« vor der Tür stehen wird.

Und es war ja fast schon gelungen, alle glaubten daran: der Westen, der Norden, der Süden und das Volk. Auch Er selbst veränderte sich. Mehr Luft zum Atmen, mehr Freiheiten. Seine postmoderne Diktatur wurde immer postmoderner und immer weniger Diktatur.

Dann kam das Corona-Jahr 2020. Es kam nicht

einfach, es brach über ihn herein wie ein schwarzer Komet. Ach Gott, weshalb nur? Wieso? Wer hatte ihm diese Idee eingeflüstert? Welcher Berater, welche Beraterin, welcher Freundeskreis, welches Konzil verstaubter Sowjetidioten? Oder war es der geheime Moskauer »Freund« gewesen? Oder hatte Er selbst so entschieden? Überheblichkeit bringt zu Fall. Hochmut ist eine Todsünde. Er war ja nicht nur Künstler, Architekt, Alchemist, Traktorist, Harmonist, Schlosser, Bäcker, Mathematiker, Wissenschaftler, Poet, Logiker, Rhetoriker, Grammatiker, Ethiker, Ingenieur der menschlichen Seele, sondern auch noch Arzt. Und nicht irgendeiner, sondern Spezialist für sämtliche Krankheiten.

Er hätte die Sache also zu seinen Gunsten nutzen können, zumal in einem Wahljahr. Als weiser Regent auftreten, der Sorge trägt für die Gesundheit der Bevölkerung. Zeigen, dass ihm die Menschen und ihr Leben etwas bedeuten. Es wäre so einfach gewesen, er hatte ja das gesamte Instrumentarium zur Verfügung, die ganze große Exekutiv- und Repressionsmaschinerie. Er brauchte nur das Kommando zu geben. Die Leute hätten verstanden und alles akzeptiert. Jeden Lockdown, sämtliche Einschränkungen.

Er hatte 1001 Möglichkeiten, aus dem Kampf gegen das Coronavirus als Sieger hervorzugehen. Nicht mit 20 Prozent in die Wahlen zu starten, sondern mit 50 oder noch mehr. Er hätte wie üblich einen »schönen und eleganten« Sieg hingelegt und weitere fünf Jahre gehabt, die Machtübergabe in Ruhe zu regeln. Alles sprach dafür, dass dies seine letzte Amtszeit werden würde. Er war schon 65 und wäre dann 70 Jahre alt. In dieser Zeit würde das Land weiter in Richtung Demokratie und Europa driften, und nach Ablauf der fünf Jahre wären seine Jugendsünden endgültig in Vergessenheit geraten.

Er hatte die Chance auf einen schönen Abgang, aber Er hat sie selbst vermasselt. Offenbar hielt er sich nach den langen Jahren an der Macht tatsächlich für Gott. Er glaubte, er könne es mit der Seuche aufnehmen. Und er forderte das Virus heraus: Wenn Ich die Realität bin und alles außerhalb meiner selbst unzuverlässig ist, dann existiert nur das, was ich wahrnehme. Wenn ich das Coronavirus nicht sehen kann, dann gibt es auch keins.

Für den Batka existierte das Virus nicht. Er sprach von einer Massenpsychose. Als es dann die ersten Todesfälle gab, sagte er verärgert, die Leute seien selbst schuld. Sie wären rausgegangen, anstatt zu Hause zu sitzen. So gab es auch nur wenig Corona-Tote in unserem Land. Das Regime setzte alles in Bewegung, um die Verstorbenen mit jeder erdenklichen alternativen Diagnose den Gelben Fluss hinabzuschicken.

Das Verhalten des Batka wurde immer wunderlicher und exzentrischer. Er verfiel auf Heilpraktiken wie Banja, Wodka oder Traktorfahrten. Sollte das nicht helfen, riet er zu Käse und Speck. Wo er besser geschwiegen hätte, gab er sich ausgesprochen redselig. Was es unbedingt zu verhindern galt, ordnete er ausdrücklich an. Auf dem Höhepunkt der Pandemie rief er einen landesweiten Subbotnik aus und ließ am Tag des Sieges eine Militärparade abhalten. Nichts wurde abgesagt oder verboten. Über mehrere Monate gab er den Covid-Demokraten.

Das vom Batka erschaffene System war nicht etwa so klug, seine Irrungen zu korrigieren – es sekundierte ihm und trieb die Ignoranz noch weiter. Anstatt die Schulkinder in den Distanzunterricht zu schicken, pochte es auf uneingeschränkte Präsenzpflicht. Anstatt einfach die Wahrheit zu sagen, verbreitete es immer hanebüchenere Lügen. Der Batka hätte seinen anfänglichen Fehler einräumen können, aber das war nicht sein Stil. Er hasste seine Fehler. Je weiter sich die Pandemie ausbreitete, desto verbohrter beharrte er auf seiner Linie, bockte und präsentierte sich als hoffnungsloser Dickschädel.

Mir war schon lange klar, dass unser System eine halbverweste Leiche war. Alle Dissidenten wussten das. Doch die Mehrheit lebte damit, als bemerke sie es gar nicht. Wenn aber Unheil über ein Land kommt, ein Krieg oder eine Epidemie, tritt plötzlich zutage, was vorher verborgen lag. Was man über Jahre nicht sehen, hören und wissen wollte, offenbart sich nun. Zu Tage treten die halb zersetzten Überreste einer Ordnung, die längst hätte beerdigt werden sollen. Die Pandemie riss den Deckmantel weg, und die Gesellschaft war schockiert. Der »Sozialstaat«, den Er geschaffen hatte, war eine kalte, entseelte Leiche ohne jedes Mitgefühl.

Wie einst in der UdSSR und wie in sämtlichen orientalischen Despotien hatte ein Menschenleben hier keinerlei Wert. Der Mensch war lediglich ein hilfreiches Rädchen im »hydraulischen Staat«, das die Maschinen in Gang zu halten und das Produktionssoll zu erfüllen hatte. Die Menschen sahen hin und waren entsetzt. Da hatten sie also all die Jahre in einem Staat gelebt, dem sie bestenfalls egal waren und der sie womöglich gar verachtete. Und regiert wurden sie nicht von dem Batka, dem Vater des Volkes, sondern von einem unberechenbaren tumben Greis, der sich für Gottvater hielt. Und natürlich von der Lüge. Der fortwährenden, dreisten, sinnlosen Lüge über die Zahl der Toten und Infizierten. Lügen, die gar nicht notwendig waren. Die Leute hätten die Wahrheit akzeptiert und verstanden, zumal die Zahlen ohnehin niemand mehr ernst nahm. Aber es wurde weiter gelogen, einfach weil der Batka das so wollte. Er hatte die Pandemie herausgefordert und musste sie nun besiegen, und sei es mit gefälschten Statistiken.

Alles hätte ganz anders kommen können.

◻◼◻

Am nächsten Morgen gab es immer noch kein Internet. In meiner Facebook-Chronik hingen noch dieselben Posts vom Vortag, 21 Uhr. Aktueller war nur, was aus dem Ausland kam. Dafür zeigten Nachrichtenportale wie Svaboda, Nascha Niwa oder tut.by zahlreiche Fotos von den Orten des Geschehens. Es waren Bilder aus einem Krieg – blutende Gesichter, Verwundete am Straßenrand, Rauchwolken von Blendgranaten, Barrikaden aus Müllcontainern. Zahllose Protestierende.

Auch ein paar Videos waren hinzugekommen. Hatten die wenigen Mitschnitte vom Vortag noch an historische Schlachtengemälde erinnert, kamen diese in ihrer himmelschreienden Sinnlosigkeit und Brutalität wie Szenen aus dem Minsker Ghetto zur Zeit des Zweiten Weltkrieges daher. Nun war klar, was die schwarzen »Sturmhauben« getrieben hatten, während die »Kuhfladen« die Leere auf den Hauptstraßen zurückeroberten – sie hatten sich auf den Seitenstraßen und in den Höfen ihre Opfer gesucht.

Einkassiert, wen sie in die Finger bekamen. Fast alles Passanten, die gar nicht an den Protesten teilnahmen und deshalb nicht daran dachten zu fliehen oder sich zu verstecken. Auf einem Video war zu sehen, wie »Sturmhauben«, begleitet von panischen Schreien einer Frau, über einen jungen Burschen herfielen, der mit seiner Freundin im Innenhof auf einer Bank saß. Auf einem anderen Video hielten sie willkürlich einen Radfahrer an, verprügelten ihn und schleiften ihn dann in den Transporter. Alle Szenen hatten Anwohner aus ihren Wohnungen mit Mobiltelefonen mitgeschnitten.

Die Menschenrechtsorganisation Viasna meldete das erste Todesopfer. Das Innenministerium dementierte. Von unzähligen Verhaftungen war die Rede, genaue Zahlen konnte niemand nennen. Auch seien in der Nacht zahlreiche Chirurgen für Notoperationen in die Krankenhäuser gerufen worden.

Ich rief Natalja an. Sie hatte immer noch keine Neuigkeiten von Marta. Sie konnte sie einfach nirgends ausfindig machen. Auch unsere Anwältin vermochte nichts auszurichten. Sie sei, wie Natalja mir sagte, gleich morgens zum Gericht gefahren, wo Martas Fall eigentlich heute verhandelt werden müsste. Aber sie habe keine Auskunft bekommen. Irgendwelche Verhandlungen liefen dort wohl, aber in den ausgehängten Listen sei der Name unserer Tochter nicht aufgetaucht, also komme sie am Vormittag bestimmt nicht mehr dran.

Nach den vielen nächtlichen Festnahmen ging es in den Gefängnissen sicher drunter und drüber. Aber nun war Marta seit bald 48 Stunden verhaftet, und wir hatten immer noch keine Nachricht von ihr. Ich rief einen Freund an, der sich schon lange für Gefangene einsetzt, um mich zu informieren, wie wir uns verhalten sollten. Er stimmte mir zu, dass bei der enormen Zahl von Festgenommenen in den Gefängnissen jetzt totales Chaos herrschte und wir einfach abwarten müssten.

Ich ging zurück ins Haus und machte mich fertig für die Fahrt nach Minsk. Da ich gleich nur noch belarussisches Internet haben würde, installierte ich vorsorglich Programme, mit denen die Blockaden umgangen werden konnten. Empfohlen wurden VPN-Tunnel, insbesondere Psiphon oder TunnelBear. Zur Sicherheit lud ich sie alle beide herunter und schaute schnell noch einmal in die Newsfeeds.

Das Innenministerium hatte endlich eine Zahl der Inhaftierten veröffentlicht: landesweit etwa dreitausend. Das war in all den Jahren absoluter Rekord. Als sie nach der Zerschlagung des Maidan 2010 eintausend Menschen festgenommen hatten, konnten wir es nicht fassen. Verglichen mit heute wirkt das fast schon liberal.

Auch Pläne für den heutigen Tag machten die Runde. Tagsüber Generalstreik und Fortsetzung der Proteste ab 19 Uhr. Da sich das Land faktisch im Kriegszustand befand, wurde dazu aufgerufen, in den größeren Städten nicht die zentralen Plätze aufzusuchen, die vermutlich abgeriegelt sein würden, sondern auf beliebte Treffpunkte an Metrostationen oder Kaufhäusern in den Stadtbezirken auszuweichen.

In kleineren Städten und Kommunen sollten die Zugänge zu den Gebäuden der jeweiligen Exekutivkomitees blockiert und die Amtsleiter dazu aufgerufen werden, sich der Bevölkerung anzuschließen. Ausdrücklich wurde darauf hingewiesen, die Gebäude auf keinen Fall zu erstürmen. Sollten die Plätze vor dem Rathaus gesperrt sein, solle man zum Haus des Bürgermeisters ziehen.

□■□

Auf dem Weg nach Minsk telefonierte ich ein weiteres Mal mit Natalja. Sie teilte mir mit, dass der Fall heute doch nicht zur Verhandlung gekommen sei. Morgen um 16 Uhr würden die 36 Stunden ablaufen, die sie Marta ohne Gerichtsurteil festhalten konnten. Wenn der Prozess bis dahin nicht stattgefunden habe, müssten sie sie am Abend freilassen. Wie auch immer, wir mussten sie unbedingt im Laufe des Tages ausfindig machen, und wenn wir dafür die Gefängnisse im ganzen Land zu durchforsten hätten.

In Minsk angekommen fuhr ich nicht gleich zu meiner Wohnung, sondern nahm einen Umweg durch die Innenstadt, um mir ein Bild von der Lage zu machen. Es ging auf 18 Uhr zu, und wie üblich um diese Zeit steckte man im Stau. Aus Richtung der Sonnenstadt schob sich ein endloser Strom von Fahrzeugen über den Prospekt der Unabhängigkeit – die Leute fuhren von der Arbeit zurück in die Außenbezirke. Aber anders als sonst war die Stadt von ohrenbetäubendem Gehupe erfüllt. Diese kontrapunktische Sinfonie versetzte mich sofort in Revolutionsstimmung.

Vor einigen Jahren habe ich ein Buch über die Sonnenstadt geschrieben, jenes utopische sowjetische Projekt, das von den Dreißigern bis in die fünfziger Jahre realisiert wurde. Die Sonnenstadt nimmt den zentralen Teil von Minsk ein und hat die Ausmaße einer europäischen Großstadt. Doch auf ihrem Territorium befindet sich ein gesonderter Bereich, die »Gelbe Stadt« – die hiesige Verbotene Stadt, das Allerheiligste des Regimes. Hier befinden sich auf einer Fläche von zwei Quadratkilometern die wichtigsten Paläste der Macht. Ihr Gelb ist in unterschiedlichen Schattierungen gehalten. Damit fallen sie aus dem ideologisch korrekten rot-grün-braun-Schema heraus. Aber die Verbotene Stadt ist ja lange vor der Zeit des Batka entstanden, und es hätte vielleicht doch komisch ausgesehen, wenn sie den Palästen ein Braun oder Grün verpasst hätten.

All die Jahre hatte das Regime die Sauberkeit und mit ihr die Leere der Gelben Stadt sorgsam vor Demonstranten geschützt. Weshalb eigentlich? Sie stellten doch nie eine wirkliche Bedrohung dar. Vielleicht fürchtete man, es könnten irgendwann so viele werden, dass sie zum Sturm auf die Paläste bliesen? Wann immer es zu Unruhen gekommen war, hatte das Regime versucht, die Verbotene Stadt abzuriegeln.

Die Protestierenden hatten sich seit jeher auf den großen Plätzen in der Innenstadt versammelt: auf dem Platz der Weisheit (der Unabhängigkeit), auf dem Platz des Metaphysikus (Oktober-Platz) und auf dem Viktoria-Platz (Platz des Sieges). Weshalb es sie ausgerechnet dorthin zog, erschließt sich nicht ohne Weiteres, sind diese Bezirke für die Protestierenden doch besonders gefährlich. Alle Plätze der Gelben Stadt sind Sackgassen, die schnell zur Falle werden. Und der zentrale Boulevard, der Prospekt der Unabhängigkeit, ist eine lange, tiefe Rinne, beiderseits eingefasst von nackten, nahezu lückenlosen Palastmauern. Er lässt sich an jeder beliebigen Stelle problemlos abriegeln.

Durch die Gelbe Stadt fließt der Gelbe Fluss der Zeit. An strahlenden Sonnentagen, nach einem Spaziergang über die leeren Plätze, setze ich mich gern ans Ufer und lasse ihn an mir vorbeiströmen.

Nicht immer habe ich tatenlos am Ufer gesessen und darauf gewartet, dass die Strömung die Leiche meines Feindes vorbeiträgt. Überhaupt wollte ich lieber aktiv sein und war schon zu Sowjetzeiten Dissident. An meiner ersten Demonstration nahm ich 1984 teil, noch vor Beginn der Perestroika. Das alte Theater sollte abgerissen werden, und eine Gruppe Studenten versammelte sich mit Plakaten vor dem Gebäude. Einige Minuten standen wir dort, dann war die Miliz zur Stelle. Die Aktion sorgte damals für einigen Wirbel, aber wie durch ein Wunder flog ich anschließend nicht von der Hochschule.

Es folgten zahlreiche Kundgebungen, in den Achtzigern und danach. Nachdem der Batka ans Ruder gekommen war, ließ ich keine Protestaktion aus. Mitte der Neunziger kamen meist einige zehntausend Menschen zusammen. Danach wurden es immer weniger. In den Nullerjahren waren es nur noch wenige Tausend, die üblichen Verdächtigen. Man kannte sich vom Sehen, viele gingen zu den Aktionen wie zu einer Party – Freunde treffen, quatschen, die neusten Neuigkeiten erfahren.

Ich kann mich noch lebhaft erinnern, wie die

»Kosmonauten« in den Neunzigern den Prospekt dichtmachten. Damals waren sie noch echte »Kosmonauten«, wenn auch in Kolchosanmutung: überdimensionierte schwarze Darth-Vader-Helme und abgetragene schäbige Uniformen – spätsowjetischer Niedergang. Sie tauchten aus den Torbögen zu den Innenhöfen hinter den gelben Palästen auf, wo sie auf der Lauer gelegen hatten, um Protestierende einzusacken. Für die gab es kein Entkommen. Es folgten gnadenlose Hetzjagden und Verhaftungen. Allerdings bekamen die Außerirdischen aus der Kolchose »Bezwinger des Kosmos« auch mal ihr Fett weg. Das postmoderne Element der Diktatur war damals noch nicht so ausgeprägt – man landete noch nicht im Gefängnis, wenn man einen »Kosmonauten« schlug. (Einmal riss ich sogar einem die Schulterklappe ab, unvorstellbar heute.) Zur Kaste der Unberührbaren, bei der jeder Körperkontakt zu Strafverfahren und Haftstrafen führte, wurden sie erst später. Die »Kosmonauten« dürfen dich verprügeln, aber wehe, du touchierst einen von ihnen.

Vielleicht weiß ich doch, weshalb es uns seinerzeit in die Innenstadt zog. Wir waren nicht nur eine Minderheit, wir waren Dissidenten. Um unseren symbolischen Protest überhaupt wahrnehmbar zu machen, mussten wir ihn ins Herz der Verbotenen Stadt tragen. An der Peripherie hätte er ausgesehen wie ein statistischer Ausreißer. Das wusste auch das Regime, deshalb versuchte es stets, die Gelbe Stadt abzuriegeln. Heute fürchtete es zudem, überrannt zu werden. Diesmal standen ihm nicht dreitausend Dissidenten gegenüber, sondern die erdrückende Mehrheit der Bevölkerung.

Je näher ich der Gelben Stadt kam, desto dünner wurde der Verkehr, aber das Hupkonzert riss nicht ab. Ich ließ den Platz der Liebe (Kalinin-Platz) und den Koloss-Platz (Kolas-Platz) hinter mir und sichtete vom Viktoria-Platz (Platz des Sieges) aus die ersten Kordons. Unmittelbar hinter dem Zirkusgebäude hatten Reihen schwarzer »Sturmhauben« die Gehwege zu beiden Seiten des Prospekts abgesperrt. Die Fahrbahn war noch frei, aber Fußgänger ließen sie nur noch ausnahmsweise passieren, offenbar meist Anwohner.

Bislang wirkte alles ganz friedlich. Vereinzelte Passanten spazierten am Prospekt entlang, der Autoverkehr rollte wie gewohnt, von Demonstranten war weit und breit nichts zu sehen. Auch am Oktober-Platz und dahinter war nichts Besonderes im Gange. Also brach ich meine Tour ab, bog vor dem GUM in die Lenin-Straße ein und fuhr zu meiner Wohnung.

☐■☐

Ich musste mich für einen Suchalgorithmus entscheiden, um Marta zu finden. Variante 1: alle Gefängnisse abklappern. Natalja hatte mir schon gesagt, dass telefonisch praktisch keine Auskünfte zu bekommen waren. Entweder ging niemand an den Apparat oder man bekam zur Antwort, dazu gebe es fernmündlich keine Auskunft. Variante 2: zur Miliz gehen und eine Vermisstenanzeige aufgeben.

Bei Variante 1 kamen drei Orte in Frage, an denen sich Marta aufhalten könnte. Der bekannteste war das Untersuchungsgefängnis in der Akreszin-Gasse, wo die Politischen normalerweise ihre Arreststrafe absaßen. Aber dort war Natalja schon gewesen. Die zweite, wahrscheinlichere Möglichkeit war das Untersuchungsgefängnis in Schodsina, knapp 60 Kilometer östlich von Minsk. Oder das Pistschala-Schloss, das historische städtische Gefängnis in der Waladarski-Straße.

Ich war mir fast sicher, dass sie Marta nach Schodsina gebracht hatten. Aber vor der Verhandlung dorthin zu fahren, ergab wenig Sinn. Sollte der Prozess tatsächlich morgen stattfinden, wäre es am besten, direkt danach in Schodsina zu sein, um ein paar Sachen für die Haft zu übergeben.

Blieb also das eher unwahrscheinliche Pistschala-Schloss, das mitten im verbotenen Teil der Verbotenen Stadt lag, unweit des Platzes der Weisheit. Dort kam man gerade nur mit dem Auto hin, das aber einige Häuserblöcke entfernt abgestellt werden musste (während der Proteste herrschte in der Gegend normalerweise Parkverbot), weiter ginge es dann zu Fuß durch die Kordons. Ich versuchte im Internet einen Überblick über die aktuelle Lage vor Ort zu bekommen, aber das war völlig aussichtslos. Auch mit Psiphon oder TunnelBear war die Blockade nicht zu umgehen.

Wütend wählte ich die 103, um mein Kind als vermisst zu melden. Aber niemand ging dran. Bei der zentralen Notrufstelle der Miliz nahmen sie einfach nicht ab. Gerade wollte ich auf gut Glück in Richtung Pistschala-Schloss aufbrechen, da rief Natalja an – sie sei bereits dorthin unterwegs. Überall Absperrungen, aber sie habe zur Tarnung Njuscha mitgenommen, ihren Chihuahua. Mit dem Hündchen auf dem Arm gehe sie als Anwohnerin durch, die nur ihr Haustier ausführt. Mit dieser Geschichte hatte sie natürlich die besseren Karten, bis zum Gefängnis vorzudringen.

Natalja erzählte noch, die Anwältin habe ihr gerade einen weiteren möglichen, wenn auch unwahrscheinlichen Aufenthaltsort von Marta mitgeteilt: das Bezirksgefängnis am Stadtrand in Urutschtscha. Die genaue Anschrift wisse sie nicht, aber es sei in der Skaryna-Straße. Anrufen sei zwecklos, man müsse hinfahren. Das Gefängnis in der Waladarski-Straße solle ich mir abschminken, ich käme sowieso nicht durch. Und falls doch, dann käme ich nicht wieder weg. Auch die Vermisstenmeldung könne ich mir sparen. Das habe sie schon erfolglos versucht. Bei der Miliz ließen sie niemanden ins Gebäude, angeblich wegen der Pandemie. Anzeigen würden nur draußen aufgenommen, aber es komme niemand raus. Der Pförtner habe sie an die zentrale Notrufstelle verwiesen. Dort hatte Natalja gestern auch angerufen. Es hieß, der Leiter der Wache in ihrem Bezirk käme bei ihr zu Hause vorbei, gekommen ist niemand.

Für alle Fälle rief ich trotzdem im Bezirksgefängnis an. Aber wie erwartet nahm niemand ab. Ich hatte eine ungefähre Vorstellung, wo das Gefängnis liegt, wusste aber nicht, wie ich dorthin kommen sollte. Noch einmal versuchte ich ins Internet zu gehen und einen Stadtplan von Minsk aufzurufen. Wieder ohne Erfolg. Nicht einmal das funktionierte, selbst die offiziellen städtischen Seiten ließen sich nicht öffnen. Wütend ging ich warme Sachen packen.

Mitte August ist es tagsüber noch mild, nachts aber häufig schon herbstlich frisch. Falls Marta tatsächlich in Urutschtscha sein sollte, würde ich versuchen, ihr direkt ein paar Sachen zu übergeben. Bevor ich aus dem Haus ging, machte ich noch einen

Versuch, und tatsächlich hatte ich jemanden in der Leitung. Im ersten Moment war ich völlig perplex, riss mich aber zusammen. Ich suche meine Tochter, sagte ich. Er fragte nach dem Namen. Er musste nicht einmal nachsehen: »Haben wir hier!« Und fügte fast väterlich-gutmütig hinzu, ich solle besser auf mein Kind achtgeben.

Ich nutzte die Gelegenheit, dass ich einen so redseligen und sogar wohlmeinenden Menschen am Telefon hatte, und fragte nach, ob ich heute noch ein paar Sachen für sie vorbeibringen könne. Er meinte, das lohne sich nicht, morgen sei die Verhandlung, und es könne durchaus sein, dass sie Marta laufen lassen.

□■□

Es war nun bald halb neun, aber an so einem Abend wollte ich nicht in der Wohnung sitzen. Im vergangenen halben Jahr war ich nur selten in Minsk gewesen, deshalb hatte sich einiges angesammelt, das ich nun zumindest teilweise erledigen konnte. Dabei legte ich meine Wege so, dass ich an den Orten des Protests vorbeikam. Ich wollte zum »Korona«, einem großen Einkaufszentrum unweit des Epizentrums der gestrigen Auseinandersetzungen.

Meine Wohnung liegt in Staraschoŭka, einem der

ruhigsten Viertel von Minsk. Vor der Oktoberrevolution war hier der Stadtrand mit dem berühmten Geflügelmarkt. Heute ist es ein Wohngebiet, aus der vorrevolutionären Zeit sind nur noch die Synagoge, die Klinik für Infektionskrankheiten und ein paar alte Manufakturen erhalten.

Noch vor drei Monaten hätte ich mir nicht vorstellen können, dass unser beschauliches Viertel, in dem selbst die Säufer wie zottelige Teddybären aussehen, zu einem Zentrum der Revolution werden könnte. Erst erlangte der Kiew-Platz Berühmtheit mit der Wahlkampfkundgebung und den »Peremen«-DJs.[1] Dann konzentrierten sich die Proteste auf die Stele und die Magistrale, die das Staraschoŭka-Viertel im Westen begrenzt.

Ich musste nur vor die Tür gehen, schon konnte ich spüren, wie sich unser Viertel verändert hatte. Die Straßen, um diese Zeit sonst menschenleer, waren von jungen Leuten bevölkert. Grüppchenweise bewegten sie sich in Richtung Innenstadt. Auf der Tscharwjakowa und der Wery Charuschej herrsch-

---

1 Am 6. August 2020 spielten die Kiryl Halanaŭ und Uladsislaŭ Sakaloŭski auf einer Veranstaltung, die eine Kundgebung von Zichanoŭskaja verhindern sollte, den Protestsong »Peremen« von Viktor Zoj, was ihnen ein großes Medienecho und jeweils zehn Tage Haft einbrachte. Siehe dazu ausführlicher: Olga Shparaga, Die Revolution hat ein weibliches Gesicht, aus dem Russischen von Volker Weichsel, Berlin: Suhrkamp 2021, S. 135 f. – A. d. Ü.

te reger Verkehr, aus vielen Autofenstern flatterten weiß-rot-weiße Fahnen. Die Autos hupten, die Leute am Straßenrand winkten zurück.

Ich fuhr nur ein kurzes Stück, um eine Straßenecke, und wollte dann in den Starawilenksi Trakt einbiegen, aber da stand schon eine Sperre der Verkehrspolizei. Alle Fahrzeuge in Richtung Innenstadt mussten umkehren. Ich versuchte, mich über Schleichwege durch die Höfe bis zur Wery Charuschej durchzuschlagen, um dann über die Bahdanowitscha zum »Korona« zu kommen. Aber da hatte sich schon ein Riesenstau gebildet. Die Blechlawine schob sich unter beständigem Hupen quälend langsam vorwärts.

Ich ließ das Auto stehen und ging zu Fuß weiter. Sogleich erfasste mich die allgemeine Stimmung – als wäre ich in ein Volksfest geraten. Trotz der gewaltsamen Auflösung der Proteste in der vergangenen Nacht waren die Menschen auf der Straße nicht besorgt, bedrückt oder verdrossen. Sie hatten strahlende Gesichter. Das Ganze wirkte eher wie ein Karnevalsumzug mit lustigen Sprüchen, Applaus, Plakaten und Fahnen. Doch es war kein Karneval. Nur ein Wort traf die Sache: Revolution. Sie hatte unser vorrevolutionäres Viertel genauso erfasst wie unsere gesamte, sonst so langweilig friedliche und saubere Stadt.

Die Grüppchen von Studentinnen, Fußgängern und Anwohnern vereinigten sich zu immer größeren Kolonnen. Sie wussten wohl selbst nicht, wohin sie eigentlich unterwegs waren. Die einen zogen in Richtung Bahdanowitscha, andere zurück zur Stele. Und doch war es nicht mehr bloß ein Protestzug, sondern tatsächlich eine Revolution! Ein Volksaufstand ohne Anführer und ohne klares Zentrum. Ohne Direktiven und Anordnungen. Niemand wollte Brücken oder das Fernmeldeamt besetzen. Auch die Gelbe Stadt schien niemanden weiter zu interessieren. Sollten die »Sturmhauben« doch deren Leere und die Leere ihres Regimes verteidigen. Die Revolution musste gar nicht dorthin ziehen, um sich bemerkbar zu machen. Dass sie die Mehrheit hinter sich hatte, war nicht zu übersehen. Hier und jetzt. Überall. In jedem Hof und jedem Kiez.

Unbeschreiblich dieses Gefühl, wenn die Revolutionswelle dich gleich vor der Haustür erfasst und dich durch die seit Kindertagen vertraute Straße trägt. Nicht zu fassen, dass dieser seit jeher so stille und verschlafene Winkel plötzlich zum Zentrum geworden sein soll. Irgendwo standen die Sperrriegel, auch Schüsse waren schon wieder zu hören. Aber hier hatten alle beste Laune, keine »Sturmhaube« weit und breit. Die Wery Charuschej, die Bahdanowitscha und die Tscharwjakowa waren nicht mehr in ihrer Ge-

walt. Hier hatte die Revolution, und sei es nur vorübergehend, bereits gesiegt, denn die Zahl der »Sturmhauben« war endlich. Sie konnten die Gelbe Stadt
abriegeln, aber für jedes Haus und jeden Hof waren
sie zu wenige.

Ich hätte ewig in dieser Atmosphäre schwelgen
können, aber ich wollte ja noch weiter zum »Korona«. Mit dem Auto fuhr ich in die Bahdanowitscha,
hielt mich in Richtung Kasino »Belaja Wescha«, aber
auch dort stand die Miliz. In Richtung Innenstadt
gab es kein Durchkommen. Auch die Straße zur Stele war gesperrt. Ich versuchte dem Posten klarzumachen, dass ich Anwohner sei. Zu meinem Erstaunen
ließ er mich durch, aber schon an der nächsten Kreuzung stand wieder ein Kordon und zwang mich unbarmherzig zum Abbiegen. So landete ich wieder
auf der Wery Charuschej. Ich unternahm noch einen
Versuch auf einer anderen Route, wurde aber erneut
umgeleitet und in Richtung der Schlafstädte am Stadtrand geschickt. Als ich einsah, dass ich heute nicht
mehr ins »Korona« kommen würde, steuerte ich einen großen Baumarkt auf der grünen Wiese an.

□■□

Erst nach Einbruch der Dunkelheit kam ich wieder
nach Hause. Im Viertel waren keine Demonstranten

mehr unterwegs. Dafür hallten Schüsse und Granatexplosionen. Sie schienen aus Richtung der Stele zu kommen, dafür hätten sie aber lauter sein müssen. Vermutlich geschah etwas auf dem Puschkin-Prospekt.

Internet gab es immer noch nicht. Nicht einmal die staatlichen Fernsehkanäle waren über meinen Kabelanschluss erreichbar.

Ich öffnete das Fenster und lauschte in die Nacht. Mitternacht war vorüber. Aus Richtung Palast der Wissenschaften (Akademie der Wissenschaften) kamen jetzt Schüsse und Detonationen, ich hörte ein Hupkonzert und Sprechchöre. Ich rief einen Kumpel an, der immer genau über alles Bescheid wusste. Aber viel schlauer war er auch nicht. Beim Supermarkt »Riga« gebe es Zusammenstöße, und am Abend sei es an der Maladsjoschnaja beim »Korona« hoch hergegangen.

Ich legte auf und trat wieder ans Fenster. Inzwischen schien der Lärm von überallher zu kommen. Als tobe ein bedrohliches Meer über der dunklen Stadt, kamen Wellen angerollt, die sich dann wieder zurückzogen in die Vorstädte. Gegen zwei Uhr verebbte der Lärm. Der zweite Tag der Revolution ging zu Ende.

Der dritte Tag

11. August, Dienstag

Und ich schuf das Gericht der Gerichte.
Und ich sprach: Niemand hat das Recht zu richten,
außer mir.
Denn ich bin die Gerechtigkeit selbst.

Heute bin ich der Widerwärtigkeit begegnet. Der blanken Widerwärtigkeit in Menschengestalt. Als ich spätabends zurück in den Weiler fuhr, stand mir das Gesicht die ganze Zeit vor Augen. Normalerweise hat auch der elendste Schuft noch etwas Menschliches an sich. Du kannst versuchen, Verständnis aufzubringen, nach Erklärungen suchen, irgendwo etwas Positives aufscheinen sehen. Aber ich bin heute der wahren, hochklassigen, hundertprozentigen Widerwärtigkeit begegnet, ohne einen Funken Menschlichkeit, ohne jede Spur von Anstand.

Diesen Typus hatte der Batka nicht aus Mist und Staub geformt, sondern durch jahrelange Selektion gewonnen, ihnen tropfenweise den Sklaven eingeimpft und alle Moral ausgetrieben. Diese Gestalten zementierten seine Macht. Die »Kuhfladen« und »Sturmhauben« hatte er auf die Schnelle zusammengeknetet, einen hohlen Kopf auf den Leib gesetzt – Denken gehörte ja nicht zu ihren Aufgaben –, einen Schlagstock in die Hand gedrückt und eine schwarze Haube übergezogen. Mit Schlitzen für Augen und Mund, damit sie ihr Futter zu sich nehmen können und den Feind nie aus dem Blick verlieren. Den anderen Typus musste er dagegen mit Verstand und Gedächtnis ausstatten, allerdings so, dass sie zwar alles kapieren und behalten können, sich aber nicht zu eigenen Gedanken versteigen. Vor allem durften sie nicht vergessen, wer ihr Schöpfer ist, wem sie alles zu verdanken haben, und mit wem sie auf ewig in krimineller Komplizenschaft verbunden sind.

Begegnet bin ich ihm heute vor Gericht. Da saß er in seiner schwarzen Robe und entschied über das Schicksal meiner Tochter. Bevor er im Saal erschienen war, hatte es noch ein wenig Hoffnung gegeben, sie könnten Marta gehen lassen. Zumal der Begleitpolizist, mit dem ich vor Beginn der Verhandlung ein paar Worte wechseln konnte, Andeutungen in dieser Richtung gemacht hatte. Es würde wohl mit einer Geldstrafe abgehen, meinte er. Für Marta und die anderen Wahlbeobachterinnen, die sie vor demselben Wahllokal mitgenommen hatten. Doch sobald er den Saal betreten hatte, konnte ich an seinem Gesicht ablesen, dass das eine Illusion war.

Der Verhandlungstermin wurde erst kurz vor Beginn bekannt gegeben. Am Morgen hatte ich mit Natalja telefoniert. Da gab es noch keinerlei Informationen, und Marta war noch nicht im Gerichtsgebäude.

Ein sonderbarer Zustand, so ganz ohne Information. Weder vom Gericht noch aus Fernsehen oder Internet. Da schwimmst du dein Leben lang im Nachrichtenstrom, und dann ist es plötzlich, als sei die Zeit angehalten. Alles still. Nur die lokalen Rundfunksender spielten im Autoradio wie zum Hohn fröhliche Musik. Zu schade, dass es den Drahtfunk nicht mehr gab. Man könnte sich im Morgengrauen mit der Nationalhymne wecken lassen: »Freiheit erringend, Zukunft erzwingend«. Sich beim Frühstück über das Neuste aus der Landwirtschaft informieren, von der Steigerung der Melkerträge in der Lenin-Kolchose erfahren. Und mittags einem Wunschkonzert lauschen mit einer Fülle ausgewählter sowjetischer Lieder, die das Volk der UdSSR so liebte. Stattdessen gingen Geschichten und Gerüchte von Mund zu Mund, angereichert mit immer neuen Details, die die hoffnungsvollen Gerüchte auch nicht wahrscheinlicher machten. Das glaubte einfach kein Mensch. Dafür wurden die furchtbaren Ahnungen noch entsetzlicher.

Eines der Mut machenden Gerüchte besagte, der Batka sei aus der Stadt geflohen. Er sei schon um 21 Uhr abgetaucht, als alles erst anfing. Jemand hätte gesehen, wie seine Maschine in Richtung Istanbul abgeflogen ist.

Ich glaubte nicht daran, dass Er sich ins Ausland abgesetzt hat. Wo genau man vor Monitoren sitzt, den Joystick bedient, Gummigeschosse auf Demonstranten abfeuert und den roten Knopf des Design-Wasserwerfers drückt, scheint erst mal keine Rolle zu spielen. Spielt es aber doch. Eine entscheidende Rolle sogar. Er ist ja das Zentrum der Gesamtkonstruktion. Bei Ihm laufen alle Fäden zusammen. Wenn er verschwindet, fällt das Gesamtkunstwerk in sich zusammen. Dann haben die grünen »Kuhfladen«, die schwarzen »Sturmhauben« und die Elite-Widerwärtigen auf einen Schlag keinen Sinn mehr. In Momenten wie diesen durfte er das Land nicht für eine Sekunde verlassen. Der Batka tat das überhaupt nur höchst selten. Nach Westeuropa reiste er eigentlich nie, selbst wenn er die Möglichkeit dazu hatte. In der Regel ging es nach Moskau und auch das nur im Notfall, um Finanzhilfen zu erbitten und dafür Versprechungen und Küsse abzuliefern.

Es war, als wittere er ständig Gefahr – kaum ist

er weg, schon fällt seine Komposition in sich zusammen. Er war Grundstein und tragende Säule zugleich. Und Belarus sein Geschöpf, seine Liebste, gierig beäugt von Bösewichtern sondergleichen. Kaum wäre er aus der Tür, stiegen sie ihm durch alle Fenster. Und entführten sie. Die Liebste. Unwiederbringlich.

Deshalb war ich überzeugt, dass Er bleiben würde. Nur eben auf Tauchstation.

Das hatte es früher schon gegeben, 2006 und 2010. Wann immer der Batka sah, dass man ihm die Liebste rauben wollte, verschwand er für ein paar Tage vom Radar. Wäre er dem Alkohol zugeneigt, würde er sich wohl die Kante geben. Aber er trank kaum. (Schade eigentlich.) Er tauchte einfach ab, allerdings nicht aus Angst, sondern aus Eifersucht und Kränkung. Schließlich hatte Er alles für sie getan, und nun flirtete sie mit irgendwelchen Halunken. Mit »Bewussten« und »Freiheitskämpfern«, mit Schwulen, mit dem Westen, mit Bürgersöhnchen oder, schlimmer noch, mit einem dicken Banker. So etwas verletzte ihn jedes Mal zutiefst. Wahrscheinlich saß er irgendwo in seiner Höhle und schäumte vor Wut, vielleicht spielte er nebenher Bajan. Dann kam er doch wieder zur Besinnung, wie nach dem Kater, und nahm grausame Rache an den Verführern und Halunken. Und da Er sehr nachtragend war, konnten sich Rache und Grausamkeit über Monate hinziehen, wenn nicht über Jahre.

Vielleicht spielte er auch nicht, sondern brachte in wildem Rausch mit der Axt wie mit einem Malmesser rote Farbe auf die Leinwand. Und verteilte sie rasend auf dem weißen Tuch, bis es blutrot leuchtete. Verschnaufte kurz, atmete einmal tief durch, nahm Grün auf die Schneide und rieb es begeistert ins Rot, bis die gesamte Leinwand braun war. Ging danach entkräftet vor ihr zu Boden und schlief ein.

Wie auch immer, der Batka war gerade im Ruhemodus. Keine Verlautbarungen, keine Ansprachen ans Volk.

In den schlimmen Gerüchten war von Opfern die Rede. Eines wurde offiziell bestätigt. Es musste letzte Nacht passiert sein, irgendwo an der Puschkinskaja, auch wenn unklar blieb, was genau geschehen war.

Nachdem das morgendliche Telefonat mit Natalja erbracht hatte, dass die Verhandlung erst am Nachmittag stattfinden würde, wahrscheinlich nicht vor 14 Uhr, packte ich rasch die Sachen für Marta zusammen und fuhr mit einer umfangreichen Aufgabenliste in die Stadt. Ich war gerade auf der Ringstraße, da klingelte schon wieder das Telefon. Natalja sagte, sie hätten Marta eben zum Gericht gebracht, die Verhandlung könne jeden Moment beginnen.

Und sie bat mich, sie unbedingt abzuholen, in der ganzen Stadt sei kein Taxi zu bekommen, schon seit zwei Tagen nicht – alle Zentralen waren ohne Internet lahmgelegt.

Ich erklärte ihr, ich sei auf der anderen Seite des Rings, also ziemlich nah beim Gericht. Um sie abzuholen, müsste ich zurück in die Innenstadt und wir kämen womöglich zu spät. Marta sei jetzt mehr denn je auf Unterstützung angewiesen, also sollte einer von uns auf jeden Fall pünktlich da sein. So kamen wir überein, dass ich mich direkt auf den Weg mache.

Ich fand meine Tochter mit den anderen Inhaftierten im Korridor vor dem Gerichtssaal, in Begleitung zweier Polizisten. Wie es ihr gehe, konnte ich sie noch schnell fragen. Die erste Nacht hatten sie alle im Akreszin-Gefängnis verbracht. Das Bezirksuntersuchungsgefängnis in der Skaryna-Straße sei ihr danach wie ein Sanatorium vorgekommen. Insgesamt wirkte sie recht munter, sie konnte sogar witzeln. Vielleicht, weil sie sich Hoffnungen machte. Der jüngere Polizist meinte, nach der ersten Verhandlung heute hätten sie ein Mädel nur mit einer Geldstrafe nach Hause geschickt. Also würden sie die anderen wohl auch laufen lassen.

Schließlich kamen auch Natalja und unsere Anwältin. Im Korridor hatte sich inzwischen eine stattliche Gruppe Eltern eingefunden. Die Mädchen, denen heute der Prozess gemacht werden sollte, sahen aus, als hätten sie gerade erst die Schule abgeschlossen. Meine Tochter war die Älteste. Nach einer Viertelstunde baten sie uns in den Gerichtssaal.

Marta, Natalja, die Anwältin und ich waren allein in dem großen, leeren Saal. Dann fiel mir jemand in den hinteren Reihen auf. Später erfuhr ich, dass es ein Beobachter einer Menschenrechtsorganisation war, die nach Möglichkeit immer Leute in solche Verhandlungen entsandte. Die Wartezeit zog sich hin. Gegenüber den Publikumsreihen, in denen wir Platz genommen hatten, standen auf einem Podium das imposante Richterpult und drei hohe Stühle. Seitlich angeordnet waren der große Käfig für die besonders Gefährlichen und der Tisch des Protokollführers.

Kafka mochte ich schon immer. Als Jugendlicher las ich mit Begeisterung den *Prozess*, später auch *Amerika*, *Das Schloss* und natürlich die verblüffende Parabel über einen gewissen Gregor, der eines Morgens als Insekt erwacht. Was mich an Kafka so beeindruckte, konnte ich damals kaum formulieren – Stil oder Sujet waren es sicher nicht. Irgendwann aber ging mir auf: Obwohl zwischen seinem Vorkriegseuropa und meiner Sowjetunion der frühen Achtziger 70 Jahre und rund 2000 Meilen lagen, hatte er wie niemand sonst unsere Lebensrealität erfasst. Diese Realität, ihre in wenigen Tropfen angereicherte Essenz, musste damals die gleiche spürbare Qualität gehabt haben wie am Vorabend des zusammenbrechenden Sowjetimperiums. Realität als permanente unaufhaltsame Katastrophe. Der lange Zerfallsprozess Europas, der Imperien, der alten Weltbilder und Werte, der Lebensweise zu Beginn des 20. Jahrhunderts. Der Untergang der großen sozialen Ideen und kollektiven Illusionen an seinem Ende. Das Aufkommen neuer Weltbilder, die auf einmal gleichzeitig mit den herkömmlichen existieren – weder in Harmonie noch im Widerstreit, sondern in einer absurden Koexistenz, einem Miteinander des Unvereinbaren, einer absonderlichen Assemblage. Gregor wird zum Käfer, hört aber nicht auf, Mensch zu sein.

Anfang der Neunziger fühlte es sich an, als sei Kafka Vergangenheit und seine Realität passé. Aber sie kehrte schnell zurück. Freilich nicht für alle. Zahlreiche Trümmerstücke des Sowjetimperiums fanden sich nach einem kurzen Schock auf einem eigenen Weg wieder. Wir nicht.

Ich weiß nicht, ob der Batka Kafka gelesen hat. Vermutlich nicht. Falls doch, hätte er wohl keinen Gefallen daran gefunden. Gäbe es aber einen Orden »Für die Übersetzung des Kafkaesken in die Realität«, er wäre sein erster Träger. All seine Werke sind der Versuch, den Zerfallsprozess weitere 26 Jahre in die Länge zu ziehen. Die Katastrophe zum Dauerzustand zu machen. Wenn jemand stirbt, sollte man ihn rasch beerdigen, ihm ein Grabmal setzen und dann weiterleben. Der Batka will ihn stattdessen einbalsamieren, pudern, schminken und neu ausstaffieren. Er hat die Bedingungen geschaffen, damit die Verwesung sich quälend lange hinzieht und alle die Peinlichkeit und die extreme Absurdität spüren. Vielleicht hat der Batka auch deshalb Farben gewählt, die bei jedem Mischungsverhältnis immer nur Braun ergeben. Und dazu dieser Gestank, dieser bestialische Verwesungsgeruch.

Aber nicht einmal Er ist in der Lage, den Leichnam des Sowjetimperiums in einem seiner Trümmerteile für alle Zeit zu konservieren. Die neue Realität war nicht aufzuhalten. So entstand diese absurde Koexistenz zweier losgelöster, an der jeweils anderen nicht interessierter Parallelwelten.

Der »Prozess«, den wir gerade erlebten, war ein Teil dieser kafkaesken Realität.

Ein Richter, der nichts zu richten hatte. Alle Urteile waren bereits im »Schloss« gefällt worden. Vor der Urteilsverkündung ging er ins Nebenzimmer und nahm den Hörer des schwarzen Ebonittelefons ab, das seit Stalin dort stand. Jemand, den er noch nie gesehen hatte, sprach am anderen Ende der Leitung mit monotoner Stimme das Urteil.

Eine Anwältin, die keinen Einfluss nehmen konnte. Eigentlich könnte man sie auch abschaffen. Das wäre ehrlicher und würde den Eltern der Beschuldigten eine Menge Kosten ersparen. Aber dann wäre die absurde Komposition gestört. Ohne einen Vertreter der Parallelwelt ging es nicht.

Und schließlich eine Beschuldigte, die sich nichts hatte zu Schulden kommen lassen. Aber das war ja kein Grund, sie freizusprechen. Wenn sie hier war, musste sie wohl auch irgendwie schuldig sein. Beweise gab es noch immer nicht.

Schließlich betrat die Protokollführerin den Saal, auch sie eine unverzichtbare Figur. Sie nahm hinter ihrem Tisch Platz. Wieder herrschte Ruhe. Ich hatte angenommen, nun würde auch der Richter erscheinen, aber dem war nicht so. Offenbar stand in den Regieanweisungen, die Zeit müsse mit Blättern und dem Quietschen von Kugelschreibern in die Länge gezogen werden.

Diese Gemütsruhe stand in seltsamem Widerspruch zu der Realität draußen. Wenn in der ersten Nacht etwa dreitausend Personen verhaftet worden waren und heute noch einmal eine unbekannte, aber sicherlich beträchtliche Zahl, müssten die Gerichte doch arbeiten wie am Fließband, ohne Pausen und im Dreischichtbetrieb. Aber mir war schon auf dem Parkplatz aufgefallen, dass im Justizpalast gähnende Leere herrschte. Neben dem mehrgeschossigen Bau, der die Gerichte gleich dreier Stadtbezirke beherbergte, stand kaum ein Auto. Der äußere Eindruck täuschte nicht. In den leeren Foyers und langen Korridoren hallte jeder Schritt vernehmlich. Es hatte den Anschein, als sei Martas Prozess der einzige an diesem Tag.

Es hieß, der Fließbandbetrieb sei wegen der Pandemie umgestellt worden. Die Beschuldigten wurden jetzt per Skype abgeurteilt, direkt im Gefängnis. Eine weitere absurde Allianz aus neuer Realität und altem System. Es gab ja gar kein Coronavirus. Der Batka hatte schließlich offiziell erklärt, er sehe keines. Die Infektionszahlen, die das Gesundheitsministerium verschämt veröffentlichte, lägen im Rahmen statistischer Schwankungen. Aber wenn man das Virus gebrauchen konnte, existierte es plötzlich doch. Es war ja viel praktischer, die Gefangenen in ihren Zellen zu verurteilen. Da musste man keine Zeugen der Verteidigung aufrufen und konnte sich sogar den dekorativen Anwalt sparen. So hatte es das unter Stalin auch schon gegeben – Vorsitzender, Protokollführer, Staatsanwalt. Aber für Skype war auch die »Troika« noch zu groß. Es ging eine Nummer kleiner: Angeklagter und Staatsanwalt.

Das hätte dann allerdings nach lupenreiner Diktatur ausgesehen. Einfach, schlicht und ohne Firlefanz. Aber wir hatten hier eine Diktatur im Zeitalter der Postmoderne. Deshalb konnte auf Kulissen nicht gänzlich verzichtet werden. Martas Prozess gehörte zu diesen Kulissen. Sie sollte nicht im Gefängnis abgeurteilt werden, sondern wurde in den Justizpalast gefahren. Vielleicht, weil man sie anschließend entlassen wollte? Ich gewöhnte mich immer mehr an den Gedanken. Hätten sie sie dabehalten wollen, hätten sie sie auch dort verurteilt. Sie werden sie nicht ohne Grund hierhergebracht haben.

Vielleicht hatte ja am Morgen das Ebonittelefon geklingelt, und ein Schlossbediensteter hatte monoton verlesen, wer heute zu entlassen war. Nein, nicht wegen Unschuldsvermutungen oder aus menschlichen Erwägungen. Einfach, weil die Gefängnisse voll waren. So voll, dass für niemanden mehr Platz war. Schon gar nicht für diese Mädchen, von denen im Grunde keine ernsthafte Gefahr ausging. Die ließ man besser von den Eltern freikaufen. 200 bis 300 Dollar mehr im Haushalt wären nicht zu verachten. Sonst müssten die auch noch verpflegt, bewacht und mit Bettzeug ausgestattet werden. Gerade hatte auch der junge Begleitpolizist noch mal in den Saal geschaut und gesagt, heute kämen alle frei. Marta war gleich viel gelöster, der Rest des Saales auch.

Sie meinte zu mir: »Egal was, Hauptsache keinen Arrest.«

Da kam endlich Leben in die Protokollführerin und sie rief mit heller Stimme: »Erheben Sie sich! Das Gericht zieht ein!« Und es zog ein …

Schwer zu sagen, was zutreffender wäre: er oder es. Hinsichtlich des Geschlechts – eindeutig er. Mit Blick auf das infernalische Geschöpf, halb Mensch, halb Insekt – zweifellos es. Doch kein Gregor. Gregor hat das Bedauern des Autors und der Leser. Gregor war nicht willentlich zum Insekt geworden. Hier aber verhielt es sich andersherum. Dieser Mensch hatte über Jahre hinweg beharrlich alles Menschliche in sich abgetötet, um sich in einen Gliederfüßer zu verwandeln. Er hatte sich einen Panzer zugelegt, um unempfindlich zu werden gegen eigene und fremde Schmerzen, und hatte sich zusätzliche Beine angenäht und den Schnauzbart verlängert, um seinem Herrn ähnlicher zu werden.

Ein Blick in seine Augen genügte mir, um sicher zu sein, dass dieser *Scarabaeus nasicornis* heute niemanden in die Freiheit entlassen würde. Die schwarze Robe hatte etwas von Flügeln und Panzer und nahm dem dämonischen Bild seinen Schrecken. Durch ihren sonderbaren Schnitt erinnerte die Robe an einen schwarzen Arbeitskittel und der Richter an einen sowjetischen Werklehrer. War das am Ende sogar beabsichtigt? Vielleicht sollte der Angeklagte schon beim Anblick des Richters an die unausweichliche Umerziehung durch Arbeit denken.

Dann lief alles wie bei Kafka. Der »Vorsitzende« verlas die Aussagen zweier »Zeugen« und zweier Milizionäre, zweier Pjotr Petrowitschs und zweier Iwan Iwanytschs. Erstere behaupteten, Marta habe sie, fünfzig Meter vom Wahllokal entfernt auf einer Treppe sitzend, in der Ausübung ihrer Tätigkeit behindert. Mag sein, sie hatte geheime Signale gesendet, die in ihren Ohren unschön widerhallten. Letztere gaben an, sie habe sich der Verhaftung widersetzt, gespuckt, sich unflätiger Ausdrücke bedient, wäre auf einem Besen durch den Wahlbezirk geflogen und hätte mit ihrem gesamten Auftreten ihre Missachtung für die Vollstreckungsbeamten zum Ausdruck gebracht.

Die Bitte der Anwältin, die Zeugen der Anklage aufzurufen, wies der Richter ab, da die Pjotr Petrowitschs gerade im Dienst seien und die Iwan Iwanytschs nicht aus Minsk stammten. Er trat ihr gegenüber herablassend und grob auf wie ein Nashornkäfer, der eine lästige Stechmücke kraft seiner Größe erdrücken will. So sprach er auch mit Marta. Zynismus und Leere lag in seinem trüben Blick, aber auch Zorn. Was sich gerade im Land abspielte, ging ihm sichtlich auf die Nerven. Das prachtvolle braune Gemälde, in dem er sich eingelebt, in das er sich so wunderbar eingefügt hatte, in dem er dermaßen aufgegangen war, dass man ihn allenfalls noch an Panzer und Horn erkennen konnte und auch das nur in den Strahlen der tief stehenden Sonne, schwebte nun in großer Gefahr. Aus dem Nichts aufgetauchte Unbekannte rückten dem Bild mit Knüppeln zu Leibe und versetzten damit nicht nur die Gliederfüßer in helle Aufregung, sondern sämtliche Geschöpfe, die sich darin niedergelassen hatten. Diese Leute stellten Forderungen, schrien, stifteten Unruhe, errichteten Barrikaden und drohten die gesamte hergebrachte Weltordnung ins Wanken zu bringen.

Was die Anwältin auch beantragte – Zeugen der Verteidigung zuzulassen, die Verhandlung zu unterbrechen, um weitere Unschuldsbeweise vorzulegen –, der Käfer (der Nicht-Gregor) lehnte alles ab. Weder Martas Erklärungen noch die simple Tatsache, dass Marta die Arbeit der Pjotr Petrowitschs gar nicht behindert haben konnte, da man sie nicht ins Wahllokal gelassen hatte, vermochten ihn zu beeindrucken. Ebensowenig, dass der Widerstand gegen die Iwan Iwanytschs sich darauf beschränkte, dass sie die Fremden in Zivilkleidung gebeten hatte, ihre Namen zu nennen.

Die Verhandlung nahm nicht viel Zeit in Anspruch, fünfundzwanzig Minuten vielleicht. Dann erhob sich der Nicht-Gregor und zog sich zur Urteilsfindung zurück. Es war längst gefunden, aber er war nicht befugt es zu verkünden, ehe er aus dem schwarzen Ebonitapparat in dem leeren Raum die bestätigende Stimme aus dem Schloss vernommen hatte.

Wieder vergingen lange Minuten. Ich merkte, wie Marta nervös wurde. Sie hatte die Hoffnung wohl noch immer nicht ganz aufgegeben. Vielleicht geschah ja ein Wunder, und die Stimme aus dem Schloss sagte: »Nicht schuldig!« Oder: »Schuldig, aber aufgrund der Pandemie und der Infektionsgefahr in den Gefängnissen mit einer Geldstrafe zu belegen!« Irgendwo da oben musste doch noch ein Funken Vernunft walten.

Aber das Wunder blieb aus. Die schwarze Ebonitstimme sagte: »Gefängnis!« Schuldig in allen Anklagepunkten, sieben Tage Arrest für Punkt 1 und acht Tage Arrest für Punkt 2, unter dem Strich fünfzehn.

Ich sah Marta an. Es fiel ihr sichtlich schwer, die Fassung zu bewahren. Bis zuletzt hatte sie gehofft. Wir verließen den Saal und trafen im Korridor auf die Mädchen, die noch auf ihre Verhandlung warteten. Der junge Begleitpolizist aus dem Bezirksgefängnis, der uns vorher noch Hoffnungen gemacht hatte, sagte etwas verlegen, jetzt wäre die Gelegenheit, noch etwas zu übergeben, sollten wir etwas dabeihaben. Ich rannte zum Auto und holte die gepackte Tasche. Aber dann erfuhren wir, dass man ihr nicht einfach alles mitgeben konnte. Die Tasche würden sie im Gefängnis einkassieren. Marta konnte nur das mitnehmen, was sie sich gleich anzog.

Wir wechselten noch ein paar Worte und ich versuchte sie aufzumuntern, während wir ein paar warme Klamotten raussuchten. Dann wurde Marta die Treppe hinunter zu einem VW-Bus geführt, der schon auf dem Parkplatz wartete.

Sicher, fünfzehn Tage Arrest waren keine Ewigkeit. Aber der gesamte Prozess zielte vor allem auf Erniedrigung ab. Diese Arrestgefängnisse waren nicht einmal mit den sowjetischen Knästen zu vergleichen, in denen den Häftlingen wenigstens Grundrechte zugestanden und minimale Standards eingehalten wurden: Spaziergang, Bett, Fernseher, Warmwasser, Schriftverkehr, Bibliothek. Hier dagegen wurde alles dafür getan, dass man sich für ein paar Tage fühlte wie ein Tier. Zwei Wochen in einem dreckigen Stall auf verlausten Matratzen. Die Missachtung eines Batkageschöpfs war eine unverzeihliche Sünde. Erschossen wurde man dafür nicht, aber Erniedrigung musste sein, um dir die Flausen ein für alle Mal auszutreiben.

Als ich zu meinem Auto gehen wollte, stand der VW-Bus immer noch auf dem Parkplatz. Der humane Begleitpolizist von vorhin teilte mir mit, sie wären noch eine halbe Stunde hier, ich könnte also noch schnell im Supermarkt etwas zu essen kaufen, aber wieder nur zum Sofortverzehr, nichts zum Mitnehmen. Ich malte mir aus, was sie den Kindern in den vergangenen Tagen wohl vorgesetzt hatten, und rannte zum nächsten Lebensmittelladen.

Zurück auf dem Parkplatz konnte ich gerade noch einen Happen für auf die Hand übergeben, dann fuhr der VW-Bus los und verschwand hinter der nächsten Ecke.

◻◼◻

Am späten Abend machte ich mich noch auf den Weg zurück in den Weiler. Eine lange Fahrt in die Nacht, ich hätte auch noch bis zum Morgen in der Stadt bleiben können, aber ich hielt es nicht mehr aus ohne Internet.

Meine Stimmung war miserabel. Die Verhandlung ging mir böse im Kopf herum. Ich fühlte mich Marta gegenüber schuldig, ohne genauer sagen zu können, weshalb eigentlich. Vielleicht, weil ich nicht die richtigen Worte gefunden hatte. Ich hätte ihr zum Abschied etwas Einfaches, von Herzen Kommendes mitgeben sollen, was Eltern zu ihren Kindern sagen: »Papa hat dich lieb.« Stattdessen hatte ich nur etwas deplatziert Pathetisches zustande gebracht wie: »Durchhalten! Wir werden siegen!« Wir würden siegen, aber eben nicht so schnell. Einfach so würde der Batka die »Liebste« nicht preisgeben, aber mit Gewalt holen konnten wir sie auch noch nicht.

Ich war gegen eine Revolution zum jetzigen Zeitpunkt. Für mich kam sie verfrüht. Und ein Aufstand vor der Zeit ist schlimmer als Verrat. Wie schon zweimal im 19. Jahrhundert: 1831 und 1863. Die beiden bekanntesten Aufstände auf dem Gebiet des heutigen Belarus, beide vollständig niedergeschlagen. Die anderen Völker im Zarenreich probten nicht den Aufstand, sie sammelten ihre Kräfte und bauten neue Eliten auf. Als die Zeit dann reif war, schufen sie innerhalb kurzer Zeit unabhängige Staaten. Hier war dagegen alles Progressive und Lebendige komplett ausgelöscht worden. Verbrannte Erde für lange Jahre. Und nun sollte sich die Geschichte wiederholen. Sicher, es würde das Hoch geben, Heldinnen und Helden, aber danach eben eine lange Phase von Reaktion und Stillstand.

Schon im Sommer war mir aufgefallen, dass im Wahlkampfchor die Stimme früherer Dissidenten fast nicht zu hören war. Wer nicht schwieg, äußerte sich eher kritisch. Ich nehme an, viele Vertreter der »alten Opposition« hegten damals ähnliche Befürchtungen wie ich jetzt. Wir hatten all die Jahre nicht einfach mit den Händen im Schoß am Gelben Fluss gesessen. Wir hatten in mühsamer Kleinarbeit an unserem Staat gearbeitet. An einem parallelen Belarus mit eigener Presse, Wirtschaft und Kultur. Mit eigenen Galerien, Cafés, einer eigenen Literatur. Mit eigener Flagge und eigenem Wappen. Alternativer Bildung und Geschichte. Wir hatten neue Eliten herangezogen und Kraft gesammelt. Von Jahr zu Jahr war unser Parallelstaat gewachsen und gediehen. In ein paar Jahren wäre diese Entwicklung unumkehrbar gewesen. Ohne jedes Blutvergießen hätte er beim Rückzug des Batka seinen angestammten Platz eingenommen.

Aber es gab eben immer Politiker, die Prozesse beschleunigen wollten, selbst wenn es gar nicht möglich war. Sie verfügten nicht über ausreichend Kräfte, die Regierung tatsächlich zu stürzen, schmetterten aber alle vernünftigen Einwände ab: »Jetzt oder nie!« Ich hatte die komplette Auslöschung alles Lebendigen 2010 noch gut in Erinnerung, das halbe Jahr Finsternis und die anschließenden Jahre der Reaktion. Das Ausmaß der jetzigen Revolution war um ein Vielfaches größer, entsprechend heftiger würde die Konterrevolution ausfallen.

Mittlerweile hatte ich ein recht genaues Bild vom Charakter des Batka: Er gehört zu jenen Künstlern, die alle Verächter ihrer Kunst hingebungsvoll hassen. Wo andere kurz toben und sich wieder einkriegen, auf die Kritik pfeifen und sich einen einschenken, frisst er seinen Ärger in sich hinein und übt ausgiebig Rache. Nimmt die Banausen einzeln auseinander. Sieht auch dort Feinde, wo gar keine sind. Erweckt den »Kafka« in all seiner Monotonie und Monstrosität zum Leben. Wem seine Kunst nicht gefällt, der soll eine dauerhafte Katastrophe erleben und all sein Tun als sinnlos empfinden.

Und dann noch dieser verflixte Kreml. Der wird sich ins Fäustchen lachen. Alles war aufgegangen, ein Bild zum Niederknien. Vielleicht sogar etwas zu gut. Sie hatten die Genialität des Batka unterschätzt. Hatten geglaubt, er würde ein bisschen mit der Axt herumfuchteln und dann war wieder gut. Aber nun tobte er schon drei Tage am Stück. Und er fuchtelte nicht nur, sondern war mit Inbrunst, mit Improvisation und Spezialeffekten bei der Sache: Feuerwerk, Schützenfest und Spritzkanonen.

Der Starze fand das Gemälde des Batka nicht völlig misslungen. Wäre er nicht selbst ein so erfolgsverwöhnter Künstler, hätte er es wohl aus Neid als bloßes Geschmiere geschmäht. Aber er stand ja unter den großen Kreativen der Gegenwart etliche Stufen höher, sodass er dem Schaffen des Batka mit einer gewissen Großmut begegnen und ihm sogar Anerkennung für die Farbgebung zollen konnte. Ihm gefielen die 1001 Brauntöne, die ihm in dieser Differenziertheit nicht gelingen wollten. Er selbst malte in Rot und Blau, das lief bei jedem Mischungsverhältnis auf Schwarz hinaus. Manchmal gab er etwas Weiß dazu, dann wurde es Grau.

Was den Kreml-Starzen allerdings richtig ärgerte, war der Titel des Gemäldes. Wann immer der Batka nach Moskau zum Geldholen fuhr, pries er seine *Stabilität*, führte neu hinzugekommene Flächen vor und schwor hoch und heilig, das Werk bald zu vollenden. Der Starze zahlte ihm den nächsten Vorschuss und dachte bei sich: Sobald ich das Gemälde in meiner Sammlung habe, werde ich als Erstes den Titel ändern. Diese idiotische *Stabilität* umwandeln in etwas Anständiges und Modernistischeres wie *Brauner Ziegel* oder *Brauner Sonnenaufgang über der Jausa*.

Doch die Zeit ging ins Land, der Batka schlug stabil seine Vorschüsse heraus, gab seine Versprechungen ab und nichts geschah. In den letzten Jahren hatte er ganz offen zu verstehen gegeben, er wolle nicht verkaufen. Die Minsker Agentur ließ sogar durchblicken, der Batka denke wie zum Hohn selbst über einen neuen Titel nach und wolle seine *Stabilität* umbenennen in *Anmut* oder *Die Liebste*. Das roch nun wirklich nach einer ausgemachten Schweinerei.

Gemälde mit solchen Titeln hatten in seiner Sammlung nichts zu suchen.

Eigentlich interessierte den Langzeit-Kremlherrn nicht das Gemälde an sich. Vielmehr brauchte er es als Element seines grandiosen Konzeptkunstwerks, an dem er seit Jahren feilte. Es sollte ein Triptychon mit dem Titel *Größe* werden, wie es ihm Jelzin selbst als seinen letzten Willen mitgegeben hatte.

Ja, er schuf bereits das Gesamtkunstwerk und malte die Mitteltafel, ein schwarzes Quadrat von hundert mal hundert Metern, der braune Batka-Ziegel und der grüne, auf der Spitze stehende ukrainische Rhombus sollten lediglich die ergänzenden Flügel bilden. Die Sache mit dem Rhombus lief allerdings nicht ganz planmäßig, deshalb musste er verkleinert werden. Statt eines Monumentalbildes von 200 × 200 Metern sollte es nun auf Krim-Format geschrumpft werden.

Wie sollte ich nun aber Marta den Unterschied bei der Wahl zwischen schlecht und noch schlechter, zwischen mies und aussichtslos erklären? Wie erklären, dass Braun immer noch ein bisschen heller war als Schwarz? Dass auf jede Instabilität zum jetzigen Zeitpunkt die Größe folgen würde? Dass seine *Stabilität* der ewigen *Größe* vorzuziehen war? Aus der Stabilität konnte man noch ausbrechen, aus der Größe niemals. Das durften wir nicht riskieren, zumal wir nun gar nicht mehr lange warten mussten.

Aber sie wollte mir nicht glauben. Oder hatte ich es nicht richtig vermitteln können? Hatte ich nicht die richtigen Worte gefunden? Oder war sie gar nicht im Stande, mir das zu glauben? Um zu dieser Einsicht zu gelangen, musste man vielleicht sein gesamtes Erwachsenenleben als Dissident in Seiner Nähe verbracht haben. 26 Jahre Kampf, konzentrierte Beobachtung und Analyse. Und Marta war erst 26. Geboren in dem Jahr, als Er an die Macht kam. Sie waren so alt wie sein Werk. Und es missfiel ihnen ganz grundsätzlich. Sie wollten keine Vergleiche anstellen, keine Nuancen ausmachen. 1001 Braunschattierungen erregten bei ihnen nichts als Abscheu. Sie sagten, sein Gemälde stinke nach Verwesung. Sie scherten sich nicht um Risiko, Gefahren und geopolitische Erwägungen. Sie wollten nicht warten. Sie verlangten, dass Er unverzüglich aus ihrem Leben verschwand!

☐■☐

Wieder zu Hause stürzte ich an den Computer. Ich musste sofort wissen, was vor sich ging. Die zentralen Ereignisse des Abends trugen sich in den Minsker Außenbezirken zu. Kamennaja Horka, Prytyzkaha, Urutschtscha, Masjukoŭstschyna, Lebjadsiny. Die Videos von dort erinnerten an Kriegsberichterstattung. Die heftigsten Auseinandersetzungen gab es aber in Serabranka.

In den vergangenen 48 Stunden waren so viele Informationen aufgelaufen, dass ich die ganze Nacht hindurch hätte lesen können. Das Wichtigste vom Montag: Am zweiten Tag der Proteste waren über zweitausend Personen verhaftet worden. Diese Zahl hatte das Innenministerium veröffentlicht. Gleichzeitig hatten rund einhundert Wahlkommissionen im gesamten Land die realen Ergebnisse in ihren Wahlbezirken veröffentlicht. Demnach hatte Zichanoŭskaja gewonnen.

Dass sie die meisten Stimmen bekommen hatte, war unschwer zu erkennen gewesen. Erstaunlich waren vielmehr die einhundert Wahlkommissionen. Sicher, landesweit gab es fast sechstausend. Und doch deutete die Zahl auf einen ernsthaften Riss im System hin. Hier hatten einige Menschen tatsächlich etwas gewagt. Wer seine Unterschrift unter diese Protokolle gesetzt hatte, konnte mindestens mit seiner Kündigung rechnen.

Swjatlana Zichanoŭskaja indes war verschwunden. Am Montag war sie mit ihrem Anwalt Maxim Snak in die Zentrale Wahlkommission gegangen, um Beschwerde gegen das Wahlergebnis einzulegen. Später hatte dieser das Gebäude ohne sie verlassen. Am Dienstagmorgen war sie dann in Litauen wieder aufgetaucht, und die Staatsmedien strahlten eine Botschaft von Zichanoŭskaja an die Protestierenden aus. Sie rief dazu auf, nicht auf die Straße zu gehen, sich nicht in Lebensgefahr zu begeben und, so konnte man zwischen den Zeilen lesen, den offiziellen Ausgang der Wahl anzuerkennen. Sie las ihre Botschaft von einem Zettel ab, und ihr war anzumerken, dass sie unter erheblichem Druck stand. Offenbar hatte man sie vorab gründlich »bearbeitet«.

Vermutlich hatte man sie vor die Alternative gestellt: Anklage wegen Organisation von Massenunruhen und langjährige Gefängnisstrafe oder eine Botschaft an das Volk, Emigration, aber dafür die Freiheit. Im Grunde hatte ihr der gleiche Weg gedroht, den schon viele Kandidaten für den Batka-Thron vor ihr hatten gehen müssen. Kaum einer, der es auf seine »Liebste« abgesehen hatte, war diesem Schicksal entgangen. Mit Ausnahme jener Kandidaten, die dem Batka ins Konzept passten. Alle anderen waren ins Gefängnis gewandert – als mahnendes, abschreckendes Beispiel. Der Batka hasste jeden, der auch nur ehebrecherische Gedanken hegte, von schamlosen Verführern gar nicht zu reden.

Die Standardbegründung vor Gericht lautete: Organisation von Massenunruhen. Wer auch immer nach den Wahlen demonstrieren mochte, immer ließ sich die Schuld dem jeweiligen Kandidaten in die Schuhe schieben. 2006 wurde Kasulin verhaftet, 2010 traf es Sannikaŭ, Michalewitsch und Stankewitsch. Nur einmal ging es ohne Gefängnisstrafen ab, 2015, im besonders ruhigen »Kriegsjahr«. Diesmal hatte es nicht einfach eine Demonstration gegeben, sondern wirkliche Unruhen, mit Todesopfern. Seltsam, dass sie Swjatlana Zichanoŭskaja nicht gleich in der Wahlnacht festgenommen hatten. Wahrscheinlich wollten sie die Unruhen nicht weiter anheizen.

Vielleicht ging es ihnen auch darum, sie nicht einfach zu verhaften, sondern sie bloßzustellen, niederzumachen, in den Augen ihrer Anhänger vollständig zu diskreditieren. Ich konnte mir vorstellen, wie sie sie in den wenigen Stunden im Gebäude der Zentralen Wahlkommission »überzeugt« hatten. Bestimmt hatten sie sie mit der Familie erpresst. Die Kinder hatte sie, Gott sei Dank, schon vor den Wahlen nach Polen gebracht. Aber ihren Mann, Sjarhej Zichanoŭski, der schon seit Monaten im Gefängnis saß, hatten sie als Geisel. Es war leicht, ihr ein unwiderstehliches Angebot unterbreiten. In der Nacht auf Montag, im Anschluss an die Aufzeichnung der Videobotschaft, beförderten Geheimdienstler Swjatlana Zichanoŭskaja nach Litauen – faktisch eine Deportation.

Wie in solchen Fällen üblich, waren die Newsfeeds

voll von Meldungen aus dem Ausland: Erklärungen ernsthafter und sonstiger Besorgtheit, Nachrichten über die Nichtanerkennung der Wahlen durch demokratische Staaten und die Anerkennung durch allerlei menschenfresserische Regime, Gespräche über erneute Sanktionen. Von achtzig Strafverfahren im Zusammenhang mit dem Artikel »Organisation von Massenunruhen« war die Rede. Auch Kurioses fand sich in den Meldungen, etwa die Verhaftung einer Gruppe von Ausflüglern bei den »Säuberungsaktionen« in Mahiljoŭ. Die Touristen waren auf der zentralen Straße der Stadt unterwegs gewesen, als die Sicherheitskräfte dort zuschlugen. Ohne sich groß darum zu scheren, wen sie vor sich hatten, krallten sich die »Sturmhauben« die Männer mitsamt Reiseleiter und schafften sie weg.

Der Großteil der Berichte konzentrierte sich allerdings auf die Protestaktionen und deren gewaltsame Auflösung. Wie schon in der ersten Nacht gingen die Wellen durch das ganze Land. Man brauchte nur die Schlagzeilen zu lesen, danach kam nicht mehr viel Information, und die Überschriften brachten die Realität bereits prägnant auf den Punkt: »Einwohner von Schodsina gehen auf die Straße«, »In Mahiljoŭ sind mehr als zweitausend Leute unterwegs«, »In Pinsk strömen die Menschen ins Stadtzentrum«, »In Baryssaŭ schlugen Protestierende die

Miliz in die Flucht«, »Demonstranten haben das Zentrum von Lida erobert«.

Nachrichten aus den Regionen kamen vor allem über die Telegram-Kanäle, die sich in den vergangenen Tagen wie von selbst zur allgemeinen Informationsquelle und zu einem Koordinierungsinstrument für die Proteste entwickelt hatten. Jeder und jede konnte hier anonym Nachrichten, Fotos oder Videos verschicken. Mit der Blockade des Internets war die Popularität von Telegram weiter gestiegen. Websites und die gängigen sozialen Netzwerke waren nicht erreichbar, aber die Telegram-Kanäle funktionierten mehr oder weniger. Sie ließen sich offenbar nicht so einfach abstellen und wurden damit zur praktisch einzigen Informationsquelle.

Kein Wunder, dass die Reichweite der Telegram-Kanäle explosionsartig zunahm. Verzeichnete der beliebte Nexta-Kanal vor den Wahlen noch rund 300000 Abonnenten, kam er am Dienstag, dem 11. August, schon auf über 1 Million – Tendenz weiter steigend.

Die größten und schwersten Auseinandersetzungen hatte es in Minsk gegeben. Auch hier war mit den Schlagzeilen alles gesagt: »Erneut sechs Metrostationen im Stadtzentrum von Minsk gesperrt«, »Journalistin von Nascha Niwa verwundet«, »Tausende auf der Prytyzkaha. Blendgranaten detonieren, ein verletzter Busfahrer«, »Brennender Trolleybus an der Puschkinskaja in Minsk«, »Uniformierte am ›Riga‹, Säuberungsaktion und Barrikadenbau«, »Toter bei einer Protestaktion in Minsk«.

Das war das erste offiziell bestätigte Todesopfer. Einzelheiten waren kaum zu erfahren. Nicht einmal der Name war bekannt. Es war gegen 23 Uhr an der Puschkinskaja passiert. An der Kreuzung von Puschkin-Prospekt und Prytyzkaha hatte es schon Stunden vorher eine regelrechte Schlacht gegeben. Das Regime leugnete das Verbrechen und behauptete, in den Händen des Opfers sei ein selbst gebastelter Sprengsatz explodiert.

Am Montag waren beim Einkaufszentrum »Riga« Demonstranten brutal auseinandergetrieben worden. Von dort mussten auch die Detonationen und Schüsse gekommen sein, die ich in meiner Wohnung gehört hatte. Mehrfach hatten die »Kuhfladen« die Leute in angrenzende Höfe abgedrängt, sie waren aber stets zurückgekehrt und hatten Barrikaden errichtet. Die sollten die Straßen blockieren und den Verkehr zum Erliegen bringen. Vor den Barrikaden bildeten sich riesige Staus, sodass das schwere Gerät der »Kuhfladen« nicht zu den eigentlichen Kundgebungen vordringen konnte. Sie mussten ihre Fahrzeuge verlassen und in voller Montur zu Fuß dorthin eilen. Das war nicht nur anstrengend, es schränkte sie auch in ihrer Beweglichkeit ein. Die Protestierenden waren wesentlich mobiler als die »Kuhfladen« in ihren Rüstungen. Also setzten diese weiter auf Granaten und Gummigeschosse.

Die Konfrontation dauerte fast bis zum Morgen an. Es gab zahlreiche Verletzte und Verhaftete. Auch Journalisten waren in Gewahrsam genommen worden. Die Gewalt auf den Straßen der Stadt hatte am zweiten Protesttag noch zugenommen. Nachrichtenseiten brachten Unmengen Fotos von Verletzten mit blutenden Wunden. Videomitschnitte waren immer noch rar, aber schon zahlreicher als noch am Vortag.

Auf Amateuraufnahmen aus der Nacht war zu sehen, wie schwarze »Sturmhauben« in die Innenhöfe rannten und von allen Seiten mit Flüchen überschüttet wurden. Die Leute schimpften von ihren Balkonen herunter, aus ihren Fenstern und aus den Fenstern in den Treppenhäusern. Häufig verschwanden die Gejagten im Dunkeln. Sie kannten sich hier gut aus. Dann griffen sich die frustrierten »Sturmhauben« einfach willkürlich, wen sie zu fassen kriegten.

Im Grunde war es ein Partisanenkrieg in Häuserschluchten. Gestern noch hatte mich die dezentrale Revolution in den Wohngebieten so begeistert, heute schon war alles anders, sie wurde niedergeschlagen. Dabei war die Hilflosigkeit des Regimes, das sich auf fremdem, feindlich gesinntem Terrain bewegen musste, mit Händen zu greifen. Wie man die Gelbe Stadt mit ihren Palästen verteidigt, wussten sie nur zu gut. Auch die Leere um die Stele konnten sie zurückerobern. Wie es aber die Schlafstädte einnehmen sollte, die städtischen Randzonen, die sich längst von ihm abgewendet hatten, davon hatte das Regime keine Ahnung.

Die Nomenklatura und die Wohlhabenderen hatten diese Viertel eher gemieden, sie zogen die Sonnenstadt vor. Früher hatte hier das Proletariat gelebt, das Anfang der Neunziger den Versprechungen des jungen Batka geglaubt hatte. Darüber hinaus gab es Wohnungen für Anwärter, Staatsbedienstete und Geringverdiener. Natürlich war die soziale Lage hier schwieriger als im Zentrum.

Diese Viertel hätten sich zu typischen Großstadtghettos entwickeln können, wären nicht in unmittelbarer Nachbarschaft neue Quartiere entstanden, in denen sich Vertreter der Mittelschicht niederließen – die vom Batka so verachteten Bürgersöhnchen. (Das Big Business zog die Sonnenstadt oder Privatvillen in den Vororten vor.) So wurden aus tristen Schlafghettos an der Peripherie um den Puschkin-Prospekt oder in Serabranka lokale Zentren. Da die Mietpreise hier relativ moderat waren, zogen junge Paare und auch Studenten hierher.

Man musste kein Soziologe sein, um zu verstehen,

dass in diesen Vierteln eine besonders hohe Dichte an Regimegegnern herrschte. Das Proletariat war längst auf Distanz gegangen, die Abneigung des Batka gegen die Bürgersöhnchen beruhte auf Gegenseitigkeit, die Studenten konnten ihn nicht ausstehen, die Staatsbediensteten verachteten ihn im Stillen, die Säufer und Hooligans hassten die Miliz ohnehin aus tiefstem Herzen. Hätten die Proteste in der Innenstadt stattgefunden, wären viele gar nicht auf die Idee gekommen, dort mitzumischen. Aber nun war das Regime in ihr Territorium eingedrungen und in Gestalt schwarzer »Sturmhauben« und grüner »Kuhfladen« in ihr Haus eingebrochen. Kein Wunder, dass das für große Aufregung sorgte. Alle machten sich auf, den eigenen Kiez zu verteidigen.

Die Leere auf den Plätzen in der Stadt der Macht ist schnell erobert. Aber wie sollte man hier vorgehen, in den Wohnvierteln mit ihrem zerklüfteten Raum und den zahllosen Hindernissen? Hier konnte man nicht die Technik im Karree auffahren lassen und eine geordnete Phalanx grünbrauner »Kuhfladen« auf die Aufständischen loslassen. Um hier zu siegen, musste nicht nur das Internet lahmgelegt werden, sondern die ganze Stadt. Alle Autos mussten von den Straßen geholt werden, die Passanten und die Wartenden an den Haltestellen; Kindergärten, Schulen und Geschäfte mussten geschlossen, der öffentliche Nahverkehr eingestellt werden. Gesiegt hätte man erst, wenn die gesamte Stadt leer und ausgestorben war.

In den Hochhaussiedlungen, an der Puschkinskaja oder in Serabranka konnte man keinen glanzvollen Auftritt hinlegen. Hier führte die Stadt weiter ihr Eigenleben. Die mobilen Gefängnisse des Batka blieben im Stau stecken, Demonstranten mischten sich mit zufälligen Passanten. Hier war nicht mehr klar, wen man sich greifen musste, deshalb griffen sie einfach wahllos zu. Zahllose Videos tauchten im Netz auf, in denen »Sturmhauben« in Innenhöfe einfielen und die Erstbesten, die ihnen in den Weg kamen, verprügelten und über den Asphalt schleiften. Hier wurde nicht mehr die Leere erobert, hier überfielen kriminelle Banden friedliche Bürger.

Was sich da abspielte, ließ sich nicht mehr mit Ravel untermalen. Das war eher Strawinskys *Le Sacre du Printemps*. Was mochte der Batka wohl diesmal am Joystick und dem großen roten Knopf vor seinen Monitoren empfunden haben? Damals hatte er ein Schlachtfeld vor sich gehabt: Hügel, Freiflächen, ein Monument zum Andenken an den Triumph im Krieg. Eine kolossale Theaterszenerie. *Boléro* und das Libretto der Zerschlagung. Und die heilige Leere des Ortes, an dem noch im Mai eine Tribüne gestanden hatte, von der aus er die »Parade des Todes« abgenommen und dem Coronavirus mit Panzern und Infanterie gedroht hatte. Zu den Klängen eines spanischen Tanzes konnte er sich als Imperator fühlen, der oben vom Hügel herab die Schlacht bei Austerlitz verfolgt.

Nun war von diesem theatralen Ambiente nichts mehr übrig. Der totale Kontrapunkt. Eine Musik, die er hasste. Ein chaotisches Durcheinander der Klänge und Themen. Keinerlei erkennbare Harmonie, ein Werk, nicht für Bajan geschrieben. Er konnte die Armada der klobigen Kolchoskästen angreifen lassen. Aber wie? Sie würden sofort im Stau stecken bleiben. Hunderte Autos würden ihnen ein Hupkonzert bereiten. Grässliche Kakophonie. Das war nicht mal mehr Strawinski, sondern Schönbergs *Von heute auf morgen*. Er konnte auf »Enter« drücken, Granaten werfen oder Gummigeschosse verschießen. Nur auf wen? Die Feinde mischten sich unter die Passanten, verschwanden hinter den Türen von Einkaufszentren. Er konnte die Faust auf den roten Knopf krachen lassen und einen schönen Strahl aus dem Design-Wasserwerfer abgeben. Nur wohin? Auf die Haltestelle? Wo Rentner, Frauen und Kinder auf ihr Linientaxi warteten?

Nein, das war nicht Austerlitz, auch noch nicht Waterloo, aber doch eine Störung im System. Und was noch schlimmer war – die Monitore, an denen

Er das Geschehen verfolgte, lieferten keine Bilder. Nur in der Verbotenen Stadt, an den großen Kreuzungen und Magistralen hatten Kameras jeden Quadratmeter im Blick. In den abgelegenen Höfen der alten Schlafstädte hing fast nirgends eine Kamera, und wenn doch, war es zu dunkel, sodass die Bildschirme schwarz blieben. Aus den schwarzen Quadraten der Monitore blickte ihn nur die Finsternis an, aus der kontrapunktische Verwünschungen zu hören waren.

Der vierte Tag

12. August, Mittwoch

Und es wurde Abend,
und es wurde Morgen.

Am Morgen sah ich, dass das Internet wieder da war. Meine Facebook-Chronik war voll mit Nachrichten von Freunden, die länger als zwei Tage »geschwiegen« hatten. Die Entscheidung, das Internet abzustellen, mutete immer idiotischer an. Was hatte das Regime damit erreichen wollen? Die Koordinierung der Proteste behindern? Aber diese Revolution hatte weder Führung noch Zentrum, sie wurde von niemandem koordiniert. Oder wollte das Regime so die Wahrheit über seine Verbrechen vertuschen? Aber die ließ sich nicht vertuschen, höchstens kurzfristig verheimlichen. Die Informationsblockade hatte keinerlei praktischen Nutzen, brachte aber die Menschen weiter gegen den Staat auf.

Nach zwei dürren Tagen brach eine Flut von Nachrichten und Augenzeugenberichten über das Land herein. Was gestern noch ein vereinzeltes Bild auf dem Monitor gewesen war, formte sich nun detailreich aus. Tausende Zeugen meldeten sich zu Wort. Erste Berichte von Menschen, die gar nicht an den Protesten teilgenommen hatten, aber trotzdem geprügelt worden waren, tauchten auf.

Der Fernsehkanal Belsat veröffentlichte die Schilderung der Minskerin Inna R., die am Abend des 11. August nach einem Arzttermin mit ihrem neunjährigen Sohn auf dem Heimweg war. Ohne Internet konnten sie kein Taxi rufen. Also gingen sie zu Fuß zur Puschkinskaja. Um sie herum fielen Schüsse, Blendgranaten flogen. An der Puschkinskaja erwischten sie ein Taxi und fuhren einkaufen. Neben dem Einkaufszentrum hatten sich Menschen versammelt, aber alles wirkte friedlich, von Miliz oder Einsatzfahrzeugen war nichts zu sehen.

»Wir wohnen hier um die Ecke, wir kennen den Laden gut, er ist gar nicht so groß, und mein Sohn musste noch auf die Toilette«, erzählte sie. »Auf einmal waren Explosionen zu hören, Schüsse. Im Einkaufszentrum wurde durchgesagt, sie schließen und lassen niemanden mehr rein. Die Leute gingen zur Tür, um zu sehen, was draußen los war. Ich ging auch hin und filmte. Da waren viele Polizeibeamte. Sie rannten Leuten hinterher, schossen, warfen Granaten. Leute, die mit Tüten aus dem Laden kamen, mit Lebensmitteln, wurden sofort verhaftet und in Busse gebracht. Wir wussten, dass wir hier festsitzen, wer rausgeht und nach Hause will, wird festgenommen.«

Kurz darauf wollten die »Sturmhauben« den Laden stürmen. Der Security-Chef des Geschäfts versuchte ihnen zu erklären, hier sei alles friedlich, hier wären keine Protestierenden, nur gewöhnliche Kundschaft, Frauen und Kinder. Aber sie wollten nicht auf ihn hören.

»Die haben mit Gewalt die Türen eingedrückt«, erzählte Inna R. »Mir wurde klar, dass sie gleich drinnen sind. Aber mein Sohn war ja noch auf der Toilette! Ich bekam furchtbare Angst. Überall brach Panik aus. Die Leute fingen an zu schreien. Dann bin ich in Richtung Toiletten gerannt, aber sie waren schon drin. Sie haben die Leute angeschnauzt, richtig grob: ›Fresse runter! An die Wand!‹ Ich habe mich hinter einer Theke versteckt, ich wollte meinen Sohn gleich schnappen, wenn er kommt. Es war klar, dass sie mich sonst mitnehmen und sich keiner dafür interessiert, dass mein Sohn noch hier ist. Es war wie eine Geiselnahme von Terroristen, dabei ist die Miliz doch dazu da, uns zu beschützen.«

Weil der Sohn von Inna R. immer noch nicht aufgetaucht war, wollte sie ihn suchen.

»Als ich hinter der Theke hervorkomme, sehe ich,

da liegen viele auf dem Boden, einige stehen an der Wand. Auf dem Boden war viel Blut. Die OMON-Männer haben die Frauen beschimpft, haben sie Huren genannt und sie auch gezwungen, sich mit dem Gesicht nach unten hinzulegen. Ich habe laut nach meinem Sohn gerufen. Da sah ich ihn mit einer anderen Frau am Boden liegen, sie hat versucht, ihn mit ihrem Körper zu schützen. Als er mich hörte, lief er zu mir. Sie hatten ihn geschlagen, ihn auf den Boden gezwungen, aber er hat sich gewehrt, weil er mich suchen wollte. Dann haben sie uns aus dem Laden geführt. Manche haben sie zu Bussen gebracht, andere einfach raus. Ich habe meinen Sohn ganz festgehalten und bin gegangen. Vielleicht haben sie mich nicht mitgenommen, weil ein Kind bei mir war. Aber draußen ging es weiter. Überall sind Leute weggerannt und die OMON-Typen hinterher, sie haben auch geschossen. Überall war Gas, die Augen tränten, wir bekamen keine Luft. Die haben uns einfach vergiftet. Mein Sohn hatte einen Schock, den ganzen Heimweg über hat er gerufen: ›Mama, ich geh nie wieder auf die Toilette, Mama, sei mir nicht böse.‹ Er kann nicht mehr richtig schlafen und ist sehr unruhig.

An einer Kreuzung sind wir bei Rot stehengeblieben. Da kamen plötzlich blaue Busse, schwarz Uniformierte mit Waffen sind rausgesprungen und haben auf die Autos geschossen. Da braute sich etwas Schlimmes zusammen. Wir waren schon fast zu Hause. Als es grün wurde, sind wir losgegangen, aber in der Mitte der Straße rasten ein Streifenwagen und zwei blaue Busse auf uns zu. Sie hatten Rot und hätten uns fast überfahren.

Es war furchtbar. Minutenlang blanke Angst, das Gefühl, eine Terrorgeisel zu sein – ich wäre fast gestorben. Dass sie meinen Sohn geschlagen haben, das werde ich ihnen nie verzeihen. Einer vom OMON hat ihn vors Schienbein getreten, er hat einen riesigen blauen Fleck. Und als er sich nicht auf den Boden legen wollte, haben sie ihm mit dem Schlagstock auf den Rücken gehauen.«

Im Laufe des Tages kamen aus mehreren Städten immer neue Belege, dass es sich um schieren Faschismus handelte. Ein Foto aus Hrodna zeigte ein fünfjähriges Mädchen, das heftig blutete. Ein gepanzerter Jeep der »Kuhfladen« hatte das Auto, in dem sie saß, gerammt. Der Vater wurde aus dem Wagen gezerrt und verschleppt. Augenzeugen berichteten, die Familie hätte nicht protestiert und nicht einmal gehupt, sondern sei einfach dort unterwegs gewesen.

In Minsk wurden zwei Jungs, die sich bei einer Hetzjagd in ein Gebüsch geflüchtet hatten, an einer Haltestelle auf eine Bank gesetzt und mit Gummischrot beschossen.

In Saslaŭje hatten »Sturmhauben« nachts einen kleinen Laden gestürmt und zwei junge Männer verprügelt und herausgeschleift, die dort einfach einkaufen gingen. Zuerst wollten sie auch die Frauen mitnehmen, haben sie dann aber nur in eine Ecke gestoßen, weil sie schrien, dass ihre Kinder allein zu Hause sind. Auf dem Foto waren die zerbrochenen Scheiben zu sehen.

In einem Video aus dem Minsker Außenbezirk Urutschtscha war zu sehen, wie ein paar Typen in Uniform der Verkehrspolizei Motorradfahrer anhalten, zu Boden zwingen und auf sie eintreten.

Die Zahl der Belege wuchs und wuchs. Ich konnte nicht glauben, dass so etwas bei uns möglich ist.

In einem Mitschnitt vom Mittwochmorgen verprügelten »Sturmhauben« im Dorf Lebedsewa bei Maladsetschna mehrere Personen. Aus dem Beitrag ging hervor, dass sie keine Fahnen geschwenkt und nicht protestiert hatten, sondern mit einem Abgeordneten des Dorfrates den örtlichen Behörden eine Petition übergeben wollten, in der sie Widerspruch gegen das offizielle Wahlergebnis einlegten. Die »Sturmhauben« drückten die Bauern zu Boden, führten alle Männer ab und fuhren mit ihnen davon.

Wieder hatten wir keine Nachricht von Marta. In den vergangenen drei Tagen waren rund 7000 Personen verhaftet worden. Klar, dass das System mit der Buchführung nicht hinterherkam. Es war ja schon schwer vorstellbar, wo sie so viele Menschen überhaupt unterbringen wollten. In Polen hatten sie im Dezember 1981 nach der Verhängung des Kriegsrechts spezielle Internierungszentren geschaffen. In Chile hatten sie 1973 ein Stadion umfunktioniert. Bei uns war das Regime auch damit noch überfordert. Die vorhandenen Gefängnisse und Untersuchungsgefängnisse waren nicht für einen solchen Massenandrang ausgelegt. Allein in Mahiljoŭ hatten sie in diesen Tagen über 500 Personen festgenommen, die Haftanstalt dort war aber nur für 180 Insassen ausgelegt. Homel hatte 100 Plätze, die Zahl der Verhafteten dort betrug ein Vielfaches.

Dem Regime fiel in dieser Situation nichts Besseres ein, als mitten in der Pandemie die Zellen bis zum Anschlag vollzustopfen. In Hafträume, die für zehn Personen vorgesehen waren, steckten sie 35, in Viererzellen saßen 15 Mann. Die Häftlinge bekamen auf engstem Raum in der Augusthitze kaum Luft, durften aber kein Fenster öffnen. Wer gesundheitlich angeschlagen war, litt besonders. Den Gefangenen Medikamente zukommen zu lassen, war praktisch unmöglich.

Vor den Gefängnismauern versuchten Tausende, ihre Verwandten und Freunde ausfindig zu machen. Mitunter riskierten sie dabei, selbst hinter Gitter zu kommen. So fuhren am 10. August in Homel »Sturmhauben« in Trainingsanzügen vor und sackten fünf Männer ein. In Babrujsk wurden ganze Busladungen von OMON-Leuten losgeschickt, die wahllos wartende Angehörige der Gefängnisinsassen herausgriffen. Ähnliches wurde auch aus Hrodna berichtet. Pulks von Angehörigen vor den Gefängnistoren gehörten seinerzeit zum Gulag-Zeremoniell und wurden in der Lyrik verewigt: »Wie als Dreihundertste mit dem Geschenkpaket / Vor den Kresty du stehen wirst, / Und deine Träne so brennen wird, / Daß das Neujahrs-Eis taut [...] Und ein Nichts war, nebensächlich, / Der Kerker Anhängsel – Leningrad.« (Anna Achmatowa)

Die »Glücklichen«, die ihre Verwandten gefunden hatten, formierten sich zu langen Reihen, um ihre Pakete zu übergeben. Vor dem Minsker Untersuchungsgefängnis in der Akreszin-Gasse standen sie zu Hunderten. Direkt zum Gebäude kam man gar nicht mehr, alle Zufahrten waren abgeriegelt. Vor den Gefängnismauern standen die großen, plumpen Gefangenentransporter für den Fall, dass man die Menge auflösen musste. Das Regime fürchtete offenbar, die Angehörigen der Häftlinge könnten das

Gebäude stürmen, deshalb waren auf den Dächern der Kasematten Scharfschützen postiert. Von Zeit zu Zeit öffnete sich das große Metalltor und ein Schwall gesichtsloser schwarzer »Sturmhauben« ergoss sich nach draußen. Ihnen folgten, bereit für den nächsten Schwung Häftlinge, die mobilen Gefängnisse in ihrem scheußlichen Graugrün.

Ich fragte mich schon lange, weshalb sie einem Fahrzeug, das schon aussah wie ein Krematorium auf Rädern, auch noch eine so widerliche Farbe verpassen mussten: eine Mischung aus abgestandenem Sumpfwasser, grauem Schimmel und verwesendem Leichnam. Nun transportierten sie nicht nur Gefangene von einer Einrichtung zur nächsten, sondern karrten auch noch neue heran.

□■□

Gegen Mittag bildeten in Minsk etwa dreihundert Frauen auf dem Platz vor dem Kamaroŭski-Markt eine Menschenkette der Solidarität. Auf Fotos, die sich in Windeseile im Netz verbreiteten, waren weiß gekleidete Frauen mit Blumen zu sehen, die ein Ende der Gewalt forderten. Sie skandierten: »Hört auf zu schlagen! Wir wollen nur faire Wahlen!« Nach einiger Zeit fuhren »Sturmhauben« vor und forderten sie auf, die Kette aufzulösen. Die Frauen legten die Blumen auf den Asphalt und gingen, die Hände hinter dem Kopf verschränkt, davon. Doch kurz darauf formierten sie sich erneut am Straßenrand. Vorbeifahrende Autos hupten als Zeichen der Solidarität.

Eine Stunde später fand eine ähnliche Aktion in Hrodna statt. Zweihundert Frauen bildeten am Busbahnhof eine Kette. In den Stunden darauf wurde von vergleichbaren Aktionen überall im Land berichtet, in Homel, Brest, Schodsina, Mahiljoŭ, Lida, Babrujsk und anderen Städten. Immer waren ausschließlich Frauen in Weiß beteiligt. Seltsamerweise gab es kaum Verhaftungen. Die Miliz zeichnete alles auf Video auf, rührte aber niemanden an. Offenbar ging es selbst den »Sturmhauben« zu weit, Frauen am helllichten Tag festzunehmen und zu schlagen.

Am Nachmittag zeichnete sich eine neue Protesttaktik ab. Die Revolution wartete nicht mehr die Nacht ab, sondern überließ diese den schwarzen, gesichtslosen Banden. Sie selbst erwählte den Tag. Das geschah spontan, ein Koordinationszentrum gab es ja nach wie vor nicht. Die neue Taktik hatte viele Vorteile. Tagsüber, im normalen Alltagsleben waren Säuberungsaktionen sehr viel unbequemer und komplizierter. Eine Art Sperrstunde von 19 Uhr bis zum Morgen war denkbar, aber sie würde sich kaum auf 24 Stunden ausdehnen lassen.

Im Laufe des Tages bildeten sich in ganz Minsk Menschenketten an den Straßen, an der Metrostation Puschkinskaja, in Urutschtscha, in Kamennaja Horka, beim Einkaufszentrum »Riga«, am Prospekt der Partisanen, in Serabranka oder am Platz des Sieges. In einigen Straßen kam es zu spontanen Umzügen. Wichtiger war, dass am 12. August aus allen Landesteilen Meldungen über erste Streiks eingingen. Bei *Grodno Azot*, einem der größten Kombinate des Landes, legten mehrere Werksabteilungen die Arbeit nieder. Auch Mitarbeiter der Tiefbaugesellschaft *Minskmetroprojekt* protestierten. Tags zuvor war bereits ein Teil der Belegschaft der Belarussischen Stahlwerke, der Minsker Werke für Elektrotechnik, des Zuckerkombinats *Schabinka* und weiterer Betriebe in Streik getreten. Das war ein alarmierendes Signal für die Machthaber. Größere Streiks hatte es in Belarus seit den Neunzigerjahren nicht mehr gegeben.

Gegen 19 Uhr bildeten Ärzte vor dem Gebäude der Medizinischen Hochschule am Dserschinski-Prospekt eine Menschenkette. Sie trugen ein großes Transparent mit der Aufschrift »Stoppt die Gewalt!«. Die Mediziner hatten gesehen, wie Miliz und OMON die Menschen zurichteten. Sie standen an vorderster Front. Nacht für Nacht waren sie mit Verletzten konfrontiert. Offizielle Informationen gab es nicht, aber aus den wenigen Nachrichten, die durchgesickert waren, ging hervor, dass es Dutzende Schwerverletzte gegeben hatte, dass wegen Verletzungen durch Blendgranaten täglich Amputationen vorgenommen werden mussten und im zentralen Militärkrankenhaus in Minsk zahlreiche Menschen mit Verletzungen durch Gummigeschosse behandelt wurden.

Kurz nach Beginn der Aktion der Ärzte fuhr der Gesundheitsminister in Begleitung von vier Gefangenentransportern mit »Sturmhauben« vor, um »das Gespräch zu suchen«. Aber die Ärzte erhielten ihre Kette aufrecht. Die Versammlung am helllichten Tag vor aller Augen gewaltsam aufzulösen – das wagten sie dann doch nicht, zumal Ärzte seit Ausbruch der Pandemie besonderes Ansehen genossen.

Am Abend wurden in der Innenstadt erneut die wichtigsten Metrostationen geschlossen. Das Regime bereitete sich auf nächtliche Proteste vor. Doch die hatten bereits am Tag stattgefunden und ebbten mit zunehmender Dunkelheit langsam ab. Trotzdem gab es auch noch am späten Abend in einigen Vierteln Menschenketten und kleinere Aufzüge. Wieder gab es Verhaftungen, doch nur noch vereinzelt.

□■□

Am Mittwochabend tauchten erste Berichte von Augenzeugen auf, die den Gefängnissen wie durch ein Wunder wieder entkommen waren. Nikita Telischenko, Korrespondent des russischen Online-Portals Znak, hatte fast 24 Stunden im Untersuchungsgefängnis in Schodsina zugebracht. Er war während einer Protestaktion verhaftet worden, die er als Journalist verfolgt hatte. Weil sein Internet funktionierte, hielt man ihn für einen der Koordinatoren der Proteste. Seiner Erklärung, er sei Pressevertreter, wurde keinerlei Beachtung geschenkt.

Telischenko wurde mit anderen Festgenommenen ins Polizeirevier des Maskoŭski-Rayon gebracht. Die Tür des Gefangenentransporters hatte sich kaum geöffnet, da setzte es die ersten Schläge. Sie drehten den Gefangenen die Arme auf den Rücken, drückten ihnen den Kopf nach unten und ließen sie so ins Gebäude rennen. Wer den Blick hob, bekam sofort den Schlagstock auf den Hinterkopf. Manche wurden über den Boden geschleift. Einen Häftling stießen sie einfach so mit dem Kopf kräftig gegen den Türrahmen. Als er vor Schmerz aufschrie und den Kopf hob, schlugen sie ihn.

Telischenko musste über am Boden liegende Gefangene laufen. Im dritten Stock des Gebäudes lagen Menschen dicht an dicht, die »Sturmhauben« traten einfach auf sie. Auch Telischenko trat einem Mann versehentlich auf die Hand. Sobald er versuchte auszuweichen, schlugen sie zu.

Auch der Journalist wurde auf den mit Blut und Exkrementen verschmierten Boden gestoßen. Niemand durfte sich rühren. Als sich neben Telischenko jemand bewegte, bekam der sofort einen Tritt mit dem Kampfstiefel gegen den Kopf, dabei war er schon übel zugerichtet. Manche konnten ihre gebrochenen Arme nicht mehr bewegen.

Einige Gefangene wurden gezwungen laut zu beten. Zu einem jungen Burschen, der sie anflehte: »Nicht schlagen, bitte!«, sagten sie, sie würden ihm gleich sämtliche Zähne einzeln abzählen. Nach mehreren Schlägen, als er schon an seinem Blut schluckte, befahl ihm einer vom OMON: »Sprich das Vaterunser!« Telischenko hörte, wie er mit eingeschlagenen Zähnen stammelte: »Vater unser im Himmel«.

Außerdem hörte er, wie in den Fluren und in anderen Stockwerken Gefangene verprügelt wurden, bis sie nur noch wimmerten. Er kam sich vor wie in der Hölle.

Später wurde der Journalist mit etwa 20 weiteren Gefangenen in eine Einzelzelle gesperrt. Es gab keine Lüftung, nach einer Stunde schlug sich das Kondenswasser an den Wänden nieder. Den Älteren ging es besonders schlecht. Ein Mann verlor das Bewusstsein.

16 Stunden nach ihrer Ankunft im Polizeirevier wurden alle wieder nach draußen und in Gefangenentransporter geschafft. Man stapelte sie in drei Schichten übereinander. Wer unten lag, bekam keine Luft. Manche schrien vor Schmerzen. Sie bekamen Hiebe mit dem Schlagstock auf den Kopf. Er hätte sich nie träumen lassen, dass so etwas bei uns passieren könnte.

Niemand durfte auf die Toilette. Wer fragte, bekam zu hören, er solle an Ort und Stelle pinkeln. Was einige dann auch wirklich taten. Wer es wagte sich zu beschweren, wurde brutal zusammengeschlagen.

Telischenko versuchte ihnen erneut klarzumachen, dass er ein Journalist aus Russland sei, bekam dafür aber nur Schläge in die Nieren, ins Genick und gegen den Kopf. Neben ihm bettelte ein junger Mann: »Dann erschießt uns doch, was müsst ihr uns so quälen?« Sie erwiderten, niemand werde erschossen, weil sie alle im Gefängnis erst die richtige Herausforderung erwarte, dort werde man ihnen der Reihe nach »den Arsch aufreißen«.

Als sie in Schodsina ankamen, sagte man ihnen: »Verabschiedet euch schon mal von eurem Leben, hier ist Endstation.« Umso überraschender war der Empfang im Untersuchungsgefängnis. Die Vollzugsbeamten zeigten nur so lange Härte, wie die »Sturmhauben« da waren.

Telischenko verbrachte mehrere Stunden in Schodsina. Dann wurde er von einem Vertreter des russischen Konsulats abgeholt. Der Journalist wurde unverzüglich außer Landes gebracht und mit einem Einreiseverbot für die nächsten fünf Jahre belegt.

□■□

Dsmitry aus Minsk hatte am 10. August an der Protestaktion nahe der Metrostation Puschkinskaja teilgenommen. Sie wurden eingekreist, deshalb konnte er nicht fliehen. Die Gefangenen wurden zu Boden geworfen und verprügelt. Auf Dsmitry schlugen gleich mehrere »Sturmhauben« ein, mit allem, was sie hatten. Dann verdrehten sie ihm die Arme und warfen ihn in einen überfüllten Gefangenentransporter, in den »Becher«[2] zu drei weiteren Inhaftierten. Darunter war auch ein etwa fünfzigjähriger Mann. Ihm wurde schlecht, er bekam keine Luft mehr. Alle baten darum, ihn gehen oder wenigstens etwas trinken zu lassen. Stattdessen sprühten die »Sturmhauben« Tränengas in die Zelle, und sein Zustand verschlechterte sich weiter.

40 Minuten lang mussten die Insassen das Reizgas atmen, bis der Transporter sein Ziel erreicht hat-

2 *Stakan* (Becher) werden in Belarus und Russland die winzigen fensterlosen Zellen in den Gefangenentransportern genannt. A. d. Ü.

te. Im Innenhof des Polizeireviers wurden alle auf die Knie gezwungen, man band ihnen die Arme auf den Rücken und schlug sie erneut. Wieder fielen mehrere »Sturmhauben« über Dsmitry her. Er bekam Schläge auf Gesäß, Beine, Rücken und Kopf. Irgendwann wurde ihm übel und er bekam keine Luft mehr. Da rief jemand einen Rettungswagen, der ihn und einige weitere, schlimm zugerichtete Männer mitnahm.

Während Dsmitry im Krankenhaus behandelt wurde, konnte er beobachten, wie im Zehnminutentakt neue Verletzte gebracht wurden. Bei ihm wurden eine Gehirnerschütterung, angebrochene Rippen und zahlreiche Schürfwunden und Hämatome diagnostiziert. Sie hatten ihn getreten und mit Schlagstöcken und Schilden auf ihn eingeschlagen. Irgendwann hatte er gedacht, sie würden ihn umbringen, in Gedanken hatte er sich schon von seiner Familie verabschiedet.

Die »Sturmhauben« schlugen gefesselte Menschen, die keinerlei Widerstand leisteten. Sie prügelten aus purem Sadismus, bei jeder Kleinigkeit, einer bloßen Äußerung oder Kopfbewegung. Sie beschimpften die Menschen auf unflätigste Weise und brüllten: »Den Wandel wolltet ihr? Da habt ihr euren Wandel! Wer seid ihr denn, dass ihr glaubt, ihr könnt hier irgendwas fordern?«

Am Abend dann kam die Meldung über ein zweites Todesopfer. In einem Krankenhaus in Homel war der 25-jährige Aljaksandr (Sascha) Wichor gestorben. Er hatte an Herzbeschwerden gelitten. In einem überfüllten Gefangenentransporter, einer echten Sardinenbüchse, die auf dem Weg zum Untersuchungsgefängnis im Stau lange in der prallen Sonne stand, war er zusammengebrochen.

Seine Mutter erzählte einem Korrespondenten von Radio Svaboda:

»Sascha hatte nicht an den Aktionen teilgenommen. Er wollte sich am Sonntag mit seiner Freundin treffen. Irgendwo in der Innenstadt haben sie ihn beim Umsteigen festgenommen. Er schrieb mir noch eine SMS, sie hätten ihn geschnappt. Und das war's. Ich habe ihn tagelang gesucht. Man hat mich nicht informiert. Heute haben sie mir dann mitgeteilt, Sascha liegt in der Leichenhalle.

Er hatte geschrien, um Hilfe gerufen. Aber der Begleitpolizist dachte, er wäre nicht ganz richtig im Kopf und hat ihn in die Psychiatrie gebracht. Ein erfahrener Arzt dort erkannte, dass er kein psychisches Problem hatte. Sie ließen einen Krankenwagen kommen und fuhren ihn ins nächste Krankenhaus, die Tuberkuloseklinik neben der Psychiatrie. Dort haben sie noch versucht, ihn zu retten, aber es war zu spät, weil er, so sagten sie mir, schon klinisch tot war, als sie ihn dort einlieferten. Ich durfte ihn nicht noch einmal sehen, ich vermute, er war schlimm zugerichtet. Ich bitte alle, die mit ihm im Gefangenentransporter waren, mir die Wahrheit zu sagen, wenn sie wieder aus dem Gefängnis entlassen sind. Was dort mit Sascha passiert ist. Ich will einfach, dass alle wissen: Dieses elende Regime hat meinen Sohn umgebracht.«

Der fünfte Tag

13. August, Donnerstag

Ein Haus werd ich euch bauen,
Darin ihr wohnen sollt
Und Hymnen für mich schreiben.

Am Donnerstag hatte ich plötzlich das eigenartige Gefühl, dass die Dinge sich radikal ändern würden. Gleich morgens erfuhren wir, wo Marta war – im Gefängnis von Schodsina. Es hätte schlimmer kommen können. Leute, die erst im Untersuchungsgefängnis in der Minsker Akreszin-Gasse gewesen waren, behaupteten, Schodsina sei im Vergleich dazu ein Sanatorium. Natürlich war ich sehr in Sorge wegen der Nachrichten über den Umgang mit den Verhafteten in den Gefängnissen. Aber ich versuchte mich damit zu beruhigen, dass die Prügel in der Regel auf der Polizeiwache, bei der Festnahme und während des Transports verabreicht wurden. Diese Etappen hatte Marta schon durchlaufen, bevor die Gewaltorgie am Sonntag begann.

Gegen Mittag erschienen ein paar Dutzend Musiker der Belarussischen Staatsphilharmonie auf dem Prospekt der Unabhängigkeit. Sie versammelten sich auf den Stufen des Konzertgebäudes und sangen den Hymnus »Mahutny Boscha«.

Unter den monumentalen sowjetischen Säulen klang das hundert Jahre alte Symbol des Kampfes für die Freiheit von Belarus an diesem grauen, beunruhigenden Tag besonders erhaben und tragisch. Ich lauschte und spürte in meinem tiefsten Inneren, dass der Umbruch da war. Woraus speiste sich mein Optimismus? Wahrscheinlich aus dem Gefühl, dass das Land den Aufstand gewagt hatte und das Regime nicht wusste, wie es reagieren soll. Es hatte damit gerechnet, die Proteste am ersten Tag niederschlagen zu können, sie spätestens am zweiten endgültig erstickt zu haben. Aber jetzt hielten sie schon fünf Tage an, und die Wellen schlugen immer höher. Mehr noch, die Proteste hatten jetzt einen anderen Charakter, Form und Rhythmus hatten sich geändert, sie wurden immer schwerer fassbar.

Nachts Studenten auseinandertreiben, die Barrikaden errichten: kein Problem. Wenn aber prämierte Künstler am helllichten Tag auf den Stufen der Philharmonie eine Volkshymne singen, ist das etwas anderes. Alte politische Gegner und eingeschworene Regimefeinde in den Knast stecken, das war man gewohnt. Aber weiß gekleideten Mädchen mit Blumen in der Hand die Arme auf den Rücken drehen? Der Protest wurde immer kreativer, und genau das machte dem Regime zu schaffen. Es hatte stets mit der alten sowjetischen Schablone gearbeitet, war den starren Instruktionen gefolgt, die noch aus der Gulag-Zeit stammten. Jetzt war es mit etwas Neuem, ihm ganz Unbekanntem konfrontiert und wusste nicht, wie es damit umgehen sollte. Schlagen war kein Problem. Wie das geht, stand in allen Anleitungen. Doch als Rentner, Frauen und Kinder vor der zum Schlag erhobenen Hand auftauchten, da hielt es einen Moment inne. Die Schablone zerbrach. Die Hand zitterte und zagte. Natürlich war sie weiter zum Schlag bereit, aber dafür musste das Programm gewechselt, eine höhere Stufe der Grausamkeit und des Zynismus eingestellt werden, sie brauchte eine neue Anleitung, in der erklärt wird, dass Frauen, Rentner und Kinder genauso Feinde sind wie alle anderen und dass es eine Ruhmestat ist, die Schwächsten zu verprügeln. Das Umschalten würde nicht lange dauern, aber ein wenig Zeit zum Durchatmen verschaffte das doch.

Ich spürte, dass die Verwirrung und das Schwanken des Regimes uns eine Pause beschert hatten. Jetzt würde es entweder seine tumbe, sinnlose Unterdrückungsmaschine umprogrammieren, damit sie fortan unterschiedslos auf alle einprügelte, oder das neue Programm verursachte einen Kurzschluss im Steuerzentrum: es käme zum rettenden Ausfall, und das System zerfiele von selbst.

◻◼◻

Überall formierten sich schon am frühen Donnerstagmorgen weiße Frauenketten. Auf dem Prospekt der Unabhängigkeit, in den Minsker Außenbezirken Malinaŭka und Kunzaŭstschyna, vor dem Kino Oktjabr. Die Stadt fuhr zur Arbeit und hupte den Frauen freudig zu.

Jetzt standen sich Schwarz und Weiß gegenüber, Gut und Böse, ganz ohne Zwischentöne und Nuancen. Die ersten Christen und die römischen Soldaten. Gesichtslose schwarze »Sturmhauben« und Mädchen in Weiß mit schönen, offenen Gesichtern. Grundlose Aggression und friedlicher Protest. Wahrheit und Lüge. Niedertracht und Gerechtigkeit. Diese Eindeutigkeit vertrieb die Angst, und der Protest wurde immer theatralischer. Es schien, als müssten die »schwarzen Sturmhauben« jetzt nur noch ein paar weiße Mädchen auseinandertreiben und das Broadway-Musical wäre perfekt: Die schwarzen Mächte des Bösen drehen sich im tödlichen Tanz mit den weißen Engeln.

Das Regime war erstmals mit etwas konfrontiert, was es nicht kannte. Auf der einen Seite stand die gesamte kreative Klasse, die die Revolution so lebendig und erfindungsreich machte. Auf der anderen eine graubraune Masse, für die sich kein Designer mehr fand, der ihre abstoßenden fahrenden Gefängnisse mit einer lebensfrohen Farbe überpinseln konnte.

Vor allem aber wuchs der Protest. Immer neue soziale Gruppen schlossen sich an, Menschen, mit denen niemand gerechnet hatte. Es hieß, Journalisten des staatlichen Rundfunks und der offiziellen Zeitungen hätten ihren Job hingeworfen – Leute, die dem Regime jahrelang gedient und dafür zahlreiche Privilegien erhalten hatten. Viele Sportlerinnen und Sportler schlossen sich dem Protest an, dabei war der Sport eine tragende Säule der Propaganda gewesen. Sogar bei der Staatsanwaltschaft und der Polizei sollen einige ihren Hut genommen haben.

Das System wurde von Fieberkrämpfen geschüttelt. Wenn es so weiter ginge, könnte die Umprogrammierung fehlschlagen und die kleinen Risse, die der Monolith bereits aufwies, zu riesigen Spalten werden.

Das Schlimmste für das Regime aber war, dass am Donnerstag immer mehr Nachrichten über Streiks eintrafen. Gegen Mittag versammelten sich beim Nutzfahrzeughersteller *BelAZ*, dem größten Industriegiganten des Landes, hunderte Arbeiter vor dem Verwaltungsgebäude und forderten ein Gespräch mit der Betriebsleitung. Kurz darauf die gleiche Nachricht vom Düngemittelhersteller *Grodno Azot*. Solidaritätsaktionen beim Pharmaunternehmen *Belmedpreparaty*. Streik beim kommunalen Bauunternehmen *Grodnoschilstroi*, in Minsk bei der Wohnungsbaugesellschaft MAPID. Bei den Minsker Automobilwerken schloss sich ein Teil der Belegschaft dem Streik an, ebenso beim Elektronikbetrieb *Integral*. Das Proletariat, die Klasse, auf die sich der Batka lange Jahre gestützt hatte, sagte ihm offen ins Gesicht, dass sie die Scheidung will.

□■□

Fast zwanzig Jahre lang hatte es in Belarus keine Streiks gegeben. Dies hatte zwei Gründe: Zum einen die Knebelverträge, die die Arbeiter fast zu Leibeigenen gemacht und ihnen jedes Recht zum Protest genommen hatten. Zum anderen die Unrentabilität der Unternehmen. Es war klar, dass die meisten nur mit Subventionen überlebten.

Als der Batka Mitte der 1990er Jahre an die Macht kam, ließ er kaum Privatisierungen zu. In seinem Weltbild gehörten die Betriebe in die Hand des Staates, genauer, sie hatten ihm, dem Batka persönlich, zur Verfügung zu stehen. Wenn man die Fabriken Privatleuten gab und das Land den Bauern, was besaß das Regime dann noch? Eigentum macht es doch erst stark. Also blieben die großen Betriebe in Staatsbesitz. Hunderte unrentable Werke lasteten als schweres Joch auf den Schultern des Staatshaushalts. Sie sollten reformiert und modernisiert werden. Aber mit einem unbeweglichen Management, das nach den alten sowjetischen Methoden arbeitete, waren fast alle Reformversuche zum Scheitern verurteilt. Die Schulden der Unternehmen wuchsen, und sie hingen wie ein Klotz am Bein der Gesellschaft. Wie ein Mantra wiederholte der Batka in all diesen Jahren den Satz: »Die Arbeiter müssen geschützt werden.« Und so wählten die Arbeiter den Batka.

Es war eine Art Sozialvertrag. Sie gaben dem Regime ihre Stimme, weil sie wussten, dass jeder andere die Fabriken privatisieren und der neue Eigentümer alle überflüssigen Arbeiter entlassen würde. Die Löhne waren nicht wirklich gut, aber wenigstens stabil. Außer dem Batka würde das niemand garantieren.

Doch diesem war das noch zu wenig. Um die Arbeiter endgültig zu Leibeigenen zu machen, führte er 1999 die befristeten Verträge ein. Fast alle Arbeiter erhielten einen solchen Vertrag, bei vielen musste er jedes Jahr neu unterzeichnet werden. Damit waren sie der Willkür der Betriebsdirektoren fast schutzlos ausgesetzt. Wer nicht hundertprozentig loyal war, der flog raus. Der Vertrag wurde einfach nicht verlängert – meist ohne Angabe von Gründen.

Bald wurde das System nicht mehr nur auf die staatlichen Betriebe angewendet, sondern auf den gesamten Staatsdienst. Ärzte, Lehrerinnen, Musiker, Beamte und Angestellte jeden Ranges erhielten solche Verträge und waren damit vom Wohlwollen des Regimes abhängig. Der einzige Unterschied zur Leibeigenschaft war, dass der Arbeiter freiwillig kündigen konnte. Aber was dann? Bei einem anderen Unternehmen anheuern, wo man wieder einen solchen Vertrag bekam? Oder selbst ein kleines Geschäft aufmachen? Das ist nicht jedermanns Sache. Wer sein Leben lang in einer Fabrik gearbeitet hat, dem fällt es schwer, ganz von vorne zu beginnen. Man kann sehr wohl verstehen, warum die Arbeiter nicht streikten.

Ein Ausweg blieb: Man konnte sich offiziell arbeitslos melden. Viele Jahre lang hatte der Batka sich damit gerühmt, einen Sozialstaat errichtet zu haben. Sozial daran war aber nur, dass er der Armee von Leibeigenen in den Staatsbetrieben ihre kleinen Löhne zahlte. Wer dagegen auf der Straße saß, bekam eine erniedrigende Stütze zwischen zehn und zwanzig Euro im Monat. Das reichte für fünf Päckchen Reis, eine Flasche Sonnenblumenöl, zehn Eier und ein Kilo Wurst. Verhungern musste man nicht.

Dass wir keinen Sozialstaat haben, zeigte sich in aller Deutlichkeit im Jahr 2017. Zwei Jahre zuvor hatte der Batka ein Dekret zur »Verhinderung von Sozialschmarotzertum« unterzeichnet. Allein das war bereits skandalös. Aber im Jahr 2017 legte er in einer Ausführungsbestimmung fest, dass jeder auch nur vorübergehend Arbeitslose dem Staat jährlich 300 Euro als Kompensation für erhaltene Sozialleistungen zurückzahlen müsse. Die Arbeitslosenhilfe in Belarus beträgt 10 Euro im Monat. Das war dreist und rief einen Sturm der Entrüstung hervor.

Was sich der Batka dabei gedacht hatte, blieb unklar. Vielleicht missfiel es ihm als primitivem Künstler und ehemaligem Kolchosvorsitzenden, wenn jemand in seinem Werk und auf seinem Feld ohne Ziel und Nutzen durch die Straßen zog? Vielleicht hatten »Maulwürfe« ihm das eingeflüstert, um seine Umfragewerte in den Keller zu jagen. Als die Proteste gegen das Dekret begannen, hieß es, Moskau würde sie anheizen und die ganze Geschichte sei eine Art Generalprobe für die Wahlen im Jahr 2020. Vielleicht ist dem Batka einfach jene »Parallelgesellschaft«, die ihn immer weniger zur Kenntnis nahm, zu unabhängig geworden. So etwas mochte der Batka nicht, daher ging er auf die los, die im Ausland arbeiten.

Wer seinen Lebensunterhalt in der Grauzone verdiente, dem gelang es, sich zu entziehen. Jene, die tatsächlich keine Arbeit hatten, traf das Gesetz hingegen mit voller Wucht. Das nahm ein erheblicher Teil der Bevölkerung dem Batka richtig übel. Nicht nur die Opposition, sondern die einfachen Arbeiter, die immer für ihn gestimmt hatten.

Eine Protestwelle rollte durch das Land. In allen großen Städten fanden Demonstrationen statt. Solche Proteste hatte Belarus seit dem Jahr 2010 nicht mehr gesehen. Damit hatte das Regime nicht gerechnet. Zuerst schwankte es, wusste nicht, ob es seinen Fehler zugeben und korrigieren soll, doch dann schlug es die Proteste nieder. Der Batka hasst es, Fehler zuzugeben. Im Grunde hat er in 26 Jahren nicht einen einzigen Irrtum eingestanden. Selbst wenn es für jeden offensichtlich war, dass er sich verrannt hatte, beschönigte er weiter stur mit seinen erlesenen Worthülsen die Lage. Kompromisse sind nicht seine Sache. Sich bewegen, nachgeben, das sind Anzeichen von Schwäche. Und Schwäche steht einem Schöpfer nicht zu Gesicht.

2017 hinterließ das Schmarotzergesetz eine Schneise der Verwüstung in den Reihen seiner getreuen Wähler. Jetzt war die Empörung noch viel größer.

□■□

Gegen Abend zeigten die Arbeiter erneut ihre Entschlossenheit. Etwa eintausend Angestellte von *Grodno Azot* zogen nach Ende der Schicht ins Stadtzentrum. Unterwegs vereinigte sich ihr Zug mit einer weiteren riesigen Kolonne, und gemeinsam forderten Tausende Menschen auf dem Sawezkaja-Platz die Freilassung der Gefangenen.

In Schodsina versammelten sich um 20 Uhr einige Tausend Arbeiter von *BelAZ* auf dem zentralen Platz der Stadt und wollten den Bürgermeister sprechen. Ihre Forderungen lauteten: sofortiges Ende der Gewalt, Freilassung der Gefangenen, freie und faire Neuwahlen.

Überall im Land fanden den gesamten Tag über Solidaritätsaktionen statt. In Minsk versammelten sich beim Tschaljuskinzy-Park, beim Jugendtheater, bei der Metrostation Frunsenskaja und an vielen anderen Orten spontan zahlreiche Menschen und zogen durch die Straßen.

Auf dem Platz der Freiheit wandten sich Christen verschiedener Konfessionen mit einer gemeinsamen Prozession gegen die Gewalt.

In Mahiljoŭ nahmen fast fünftausend Menschen an einem Marsch durch die Hauptstraße der Stadt teil. In Wizebsk bildeten dreihundert Ärzte eine Solidaritätskette. In Hrodna waren es bei einer Aktion vor der Medizinischen Universität sogar achthundert. Viele Ärzte, die sich an den Aktionen beteiligten, berichteten, sie seien noch immer geschockt von dem, was sie in den ersten Nächten nach der Wahl gesehen hatten: unzählige entstellte Körper, übersät mit den Spuren von Schlägen, gebrochene Rippen, Verletzungen durch Gummigeschosse.

Die Banden der »Sturmhauben« waren an diesem Abend von den Straßen verschwunden. Die Methode »Weiterschlagen« funktionierte nicht. Mehr Gewalt führte nur zu noch mehr Protesten. Überraschenderweise öffnete sich sogar die Verbotene Stadt. Als in Minsk mehreren Tausend Frauen in einer Kolonne vom Viktoria-Platz (Platz des Sieges) über den Prospekt der Unabhängigkeit liefen, konnten sie ungehindert bis zur Metro-Station Kastrytschnizkaja ziehen und dann die Lenin-Straße hinunter bis zur Njamiha.

Das monströse prähistorische Reptil der Unterdrückungsmaschine war auf seinen vier dicken, blut- und kotverschmierten Pranken zurückgewichen. Am Donnerstagmorgen war die Nachricht aus Akreszina gekommen, dass hundert Gefangene entlassen worden waren. Gegen Abend kamen weitere tausend frei.

Marta war nicht dabei. Sie saß weiter in Schodsina.

◻◼◻

Gegen Abend wurde der Name des Mannes bekannt, der am Montag an der Puschkinskaja ums Leben gekommen war. Alexander Tarajkoŭski, verheiratet, Vater einer dreijährigen Tochter.

Dort, wo er gestorben war, entstand eine spontane Gedenkstätte, die Menschen kamen aus allen Ecken der Stadt, um Blumen niederzulegen. Am Abend versammelten sich mehr als 7000 Menschen, um seiner zu gedenken.

Zwei Tage hatten die Angehörigen von Alexander nichts von seinem Tod gewusst. Er war am 10. August gegen 20 Uhr von einem Spaziergang mit seiner Tochter nach Hause gekommen. Seine Frau erzählt, dass er sehr aufgebracht war wegen der Verhaftungen und der Gewalt. Er hatte gehört, dass sich an der Puschkinskaja Demonstranten versammelten, und wollte zu seiner früheren Wohnung gehen, die ganz in der Nähe lag. Außer seinem Telefon hatte er nichts dabei.

Gegen halb elf rief er an, um Bescheid zu sagen, dass er jetzt nach Hause komme. Das war das letzte

Mal, dass seine Frau Alexanders Stimme hörte. Zwei Tage suchten seine Verwandten ihn in Gefängnissen und Krankenhäusern. Erst am 12. August erfuhren sie von Journalisten, dass er tot ist. Die Polizei hatte ihn vermutlich sofort identifiziert. Denn bereits wenige Stunden nach seinem Tod ließ sie verlautbaren, der Tote sei ein verurteilter Straftäter.[3] Doch den Namen gab sie nicht bekannt. Als Alexanders Frau sich am 13. August an das Untersuchungskomitee wendete, behaupteten sie dort, der Tote sei bei ihnen als »unbekannt« geführt.

Am 10. August hatte das Innenministerium bekanntgegeben, dass der Tote eine selbstgebaute Bombe in der Hand gehalten habe, die explodiert sei. Vielleicht gaben die Behörden den Namen nicht preis, weil sie Zeit brauchten, um die Spuren ihres Verbrechens zu verwischen?

---

3 Tatsächlich hatte Alexander Tarajkoŭski längere Zeit zuvor eine Haftstrafe wegen Totschlags in einem Beziehungsdrama abgesessen. A. d. Ü.

Der sechste Tag

14. August, Freitag

Ihre Brunnen will ich versiegen lassen
Ihre Gaben ihnen nehmen
Weh den Aufständischen

Die ganze Nacht lang wurden Menschen aus dem Gefängnis in der Akreszin-Gasse freigelassen. Viele erhielten weder ihren Ausweis noch Bargeld, Telefon und Schlüssel zurück. Das System war wegen der zahlreichen Festnahmen überlastet. Vor dem Gefängnis warteten freiwillige Helfer auf die Entlassenen. Sie ermöglichten ihnen, ihre Verwandten anzurufen, versorgten sie mit Tee, fuhren sie nach Hause. Viele waren geschlagen worden, befanden sich in einem schrecklichen Zustand und benötigten medizinische Hilfe. Daher waren auch Ärzte und Psychologen vor Ort. Wer sich in der Lage sah zu erzählen, legte Zeugnis ab. So brach eine Welle von Augenzeugenberichten über die belarussische Gesellschaft herein. Wer die Berichte las, konnte nicht glauben, dass es sich um Geschehnisse handelte, die jetzt und hier stattgefunden hatten, im 21. Jahrhundert in der Sonnenstadt Minsk. Dutzende und Aberdutzende furchtbarer Berichte. Und dies war erst der Anfang.

Alle Berichte glichen einander. Der Künstler, der dieses schreckliche Bild entworfen hatte, war ohne Phantasie ausgekommen und hatte mit Schablone gezeichnet. Brutale Festnahme auf der Straße, dann Prügel, Misshandlungen im Gefangenentransporter, Fahrt im vollgestopften Hauptraum des Fahrzeugs oder im winzigen »Becher«. Nach der Ankunft auf der Polizeiwache Folter für alle: Spießrutenlaufen durch eine Gasse knüppelnder Polizisten. Danach noch mal Prügel und Folter, die ganze Nacht knien, und morgens ein vorgefertigtes Protokoll. Dann Transport ins Gefängnis, vierzig Menschen in einer für acht Gefangene ausgelegten Zelle. Zwei Tage kein Essen, fast kein Wasser, keine Medikamente und keine Seife. Dann der Prozess, immer die gleiche Anklage und das gleiche Urteil. Dann wieder zurück ins Gefängnis.

So viele Berichte, einer grausamer als der andere. Hier nur einer, ein sehr typischer, von einem Mann, der anonym bleiben wollte, erschienen am Freitag, dem 11. August:

»Ich wurde am dritten Tag der Proteste festgenommen, in der Nähe des Einkaufszentrums. Nicht einfach vom OMON, vom Almas, einer Eliteeinheit zur Terroristenbekämpfung. Als wir gesehen haben, dass eine voll ausgerüstete Kolonne auf uns zukommt, war klar, dass nur noch Verschwinden bleibt. Ich habe mich versteckt, eine Weile konnten sie mich nicht finden. Unmittelbar vor meinen Augen haben sie Leute auf die Knie gezwungen und sie dann verprügelt. Als ein Mann umgekippt ist, hat einer von den Maskierten sich zu ihm hinuntergebückt – und als er wieder hochblickt, schaut er mir direkt ins Gesicht. […] Sie haben mich dann auch auf den Platz geführt und geschlagen, aber noch nicht so schlimm. Ich hatte einen Rucksack dabei, mit Atemschutzmasken drin. Der lag noch da rum. Einer der Typen hat reingeschaut und gerufen: ›Hey, der gehört einem Organisator‹. Dann haben sie den Eigentümer gesucht. Auf keinen Fall wollte ich sagen, dass der Rucksack mir gehört. Es war klar, dass sie mich sonst besonders übel verprügeln. Dann haben sie erst einmal alle geschlagen. Als ich an die Reihe kam, haben sie gefragt: Ist das dein Rucksack? Nein, habe ich gesagt, und dann haben mich drei von den Typen hinter das Einkaufszentrum geführt. Dort haben sie mir die Hände zusammengebunden und eine Handgranate genommen. Ich weiß, wie die aussehen, anders als diese Blendgranaten. Sie haben gesagt, dass sie jetzt den Zünder ziehen und sie mir in die Hose stecken und dann einfach erklären, dass einem Terroristen eine selbstgebastelte Bombe hochgegangen ist.

Ich blieb aber dabei, dass der Rucksack nicht mir gehört. Dann haben sie mir die Granate in die Hose gesteckt und sind weggerannt.

Nach 20 Sekunden sind sie zurückgekommen und haben mich wieder geschlagen, in den Bauch, ins Gesicht. Dann haben sie mich gezwungen, den Rucksack zwischen die Zähne zu nehmen, mich zu einem Gefangenentransporter geführt und dabei weiter geschlagen. An mehreren Zähnen sind mir Ecken abgebrochen von dem Rucksack.

In dem Transporter waren schon zwanzig Leute. Sie haben uns übereinandergestapelt. Oben ein Polizist, der über uns drüber gelaufen ist. Mit den Stiefeln auf den Kopf. Viele haben das Gefühl in den Händen verloren von den engen Kabelbindern. Wer den Mund aufmachte, wurde geschlagen. Einer hatte Asthma, der bekam keine Luft. Einer der Polizisten ist zu ihm hin, hat ihm den Fuß auf den Hals gestellt und gesagt: ›Es ist uns scheißegal, wenn du verreckst.‹

Irgendwann haben sie uns aus dem Transporter rausgeholt. Dort war Farbe auf den Boden geschüttet. Die haben sie mir ins Gesicht geschmiert, um mich zu markieren. Dann wurde ich in einen anderen Wagen gestoßen. Dort waren vier Polizisten mit Knüppeln. Sie haben mich auf den Boden gelegt und auf meine Beine eingeschlagen. ›Damit du nicht abhaust. Jetzt ist Schluss mit abhauen!‹ haben sie geschrien.

Dann wurde ich wieder zu dem großen Transporter gebracht. Dort waren zwei Mädchen, so um die achtzehn. Als einem der Gefangenen schlecht wurde, haben die beiden den Kopf gehoben und hingeschaut. Er hat weiter gestöhnt und sie haben wieder besorgt zu ihm rübergeschaut. Dann ist ein Polizist gekommen, hat eine der beiden an den Haaren gepackt und sie angebrüllt: ›Ihr kommt zu den Männern in die Zelle. Wenn die euch durchgefickt haben, fahren wir euch in den Wald.‹

Ein Mann hat sich geweigert, sein Telefon zu entsperren. Sie haben ihn nackt ausgezogen und gesagt, dass sie ihn mit Stöcken vergewaltigen, wenn er den Code nicht rausrückt. Er hat ihnen den Code dann gegeben und sie haben ihn zurück zu den anderen geschubst.

Dann wurden wir zu einem anderen Ort gefahren. Als sie die Tür geöffnet haben, standen draußen vierzig Typen Spalier. Alle mussten da durch zu einem anderen Transporter und wurden geprügelt. Wer hinfiel, den haben sie weiter geschlagen, auf die Beine, auf den Kopf. Ich bin kurz vor dem anderen Transporter gestürzt. Da bin ich einem von diesen

Typen von der Sondereinheit aufgefallen, weil ich ein T-Shirt anhatte, auf dem stand ›Solidarität mit den politischen Gefangenen in Russland‹. Sie haben mich noch einmal extra verprügelt und mich dann an Händen und Füßen gepackt und wie einen Sack in den Transporter geworfen.

Sie haben mich angebrüllt, dass ich an eine bestimmte Stelle kriechen soll. Ich bin langsam gekrochen und sie haben mich wieder geschlagen. Als ich da war, wo ich hinsollte, konnte ich mich einfach nicht mehr bewegen. Dann ist ein anderer Polizist gekommen, hat mir den Fuß auf den Rücken gestellt und angefangen, mir auf den Kopf zu schlagen. Aber nicht mit einem einfachen Gummiknüppel, sondern es war so einer mit Metallkern.

Während er immer wieder zugeschlagen hat, wurden neue Gefangene auf mich draufgelegt. Ich bekam keine Luft mehr. Wer oben lag, wurde geprügelt, wer unten lag, zerquetscht.

Dann wurden wir wieder rausgezerrt. Nochmal Spießrutenlaufen. Wieder in einen Transporter. Dort in den Becher. Es war einer für drei Leute, aber sie haben acht reingepresst. Ich wurde an die Wand gedrückt und erst dort habe ich gemerkt, dass mir Blut vom Kopf läuft. Ich bin ohnmächtig geworden, dann wieder kurz aufgewacht, dann war ich wieder weg. Immer wieder hin und her.

Als wir ausgeladen wurden, konnte ich nicht mehr stehen. Ich bin einfach umgekippt. Sie haben gesagt: ›Der ist durch.‹ Ich wurde aus dem Transporter geworfen und liegengelassen. Ärzte kamen und sagten, ich hätte Platzwunden am Kopf und eine Gehirnerschütterung. Ich musste mich übergeben, mir ist Speichel aus dem Mund gelaufen. Danach haben sie mich in Ruhe gelassen. Die Polizisten standen rum und haben sich gefragt, ob ich abkratze.

Es gab nicht genug Krankenwagen für alle. Eine Stunde habe ich da gelegen. Als ich dann doch abgeholt wurde, habe ich ihnen gesagt, dass sie mich nach Hause und nicht ins Krankenhaus fahren sollen, weil dort die Personalien aufgenommen werden. Wegen der Kopfverletzungen und weil sie den Verdacht hatten, dass ein Bein gebrochen ist, haben sie mich trotzdem ins Krankenhaus gebracht.

Die Ärzte verstehen, dass die Leute gefoltert werden. Sie versuchen, möglichst viele ohne Registrierung zu behandeln. Ich wurde an drei Wunden genäht und operiert. Mein Bein haben sie geröntgt. Nach ein paar Stunden konnten Freunde mich abholen. Weil ich keinen Pass und kein Handy dabeihatte, bin ich ohne Aufnahme der Personalien davongekommen.«

□■□

Der sechzehnjährige Timur wurde am 12. August abends in einer der Minsker Wohnsiedlungen festgenommen. Ein Kleinbus hielt an, drei »Sturmhauben« sprangen heraus, schnappten alle, die sie kriegen konnten, und führten sie zu dem Wagen. Alle wurden geprügelt und in den Bus gestopft, wo sie aufgestapelt übereinanderlagen. Sie sagten ihnen, sie würden sie jetzt in den Wald fahren. Stattdessen fuhren sie zu einem Polizeirevier des Partisanski-Rayon. Erneut Prügel. Timur wurde gezwungen, auf die Knie zu gehen. Sie steckten ihm einen Polizeiknüppel in den Mund und stießen ihn mit dem Kopf gegen den Betonboden. Anschließend zogen sie ihm den Knüppel über die Augen. Später quälten sie ihn mit Elektroschockern und zwangen ihn, die offizielle Nationalhymne zu singen.

Als Timur kurz vor dem Zusammenbrechen war und nur noch röchelte, sagte einer der Schläger: »In den Keller mit ihm, dort kann er verrecken.« Irgendwann wurde Timur ins Krankenhaus gebracht. Auf der Fahrt drohte ihm ein Maskierter, dass er es nicht überleben würde, wenn er erzählte, was ihm passiert ist. Kurz vor der Ankunft schlug er Timur mit der Faust so brutal ins Gesicht, dass der Sechzehnjährige das Bewusstsein verlor.

Im Kinderkrankenhaus diagnostizierten die Ärzte ein schweres Schädel-Hirn-Trauma, einen gebrochenen Oberkiefer, einen Gaumenriss und zahlreiche offene Wunden. Timur befand sich in äußerst kritischem Zustand und musste in ein künstliches Koma versetzt werden.

□■□

Es waren Szenen aus der Hölle. Bilder, wie Hieronymus Bosch sie sich für sein *Jüngstes Gericht* nur ausgedacht hatte. Einer der Entkommenen berichtete, dass es in der völlig überfüllten Zelle so heiß war, dass das Wasser von den Wänden tropfte. Die Leute drängten sich um jede Ritze, aus der ein kleiner Luftzug kam. Als sich jemand beschwerte, drohte der Aufseher, Pfefferspray in die Zelle zu sprühen. In der Zelle nebenan taten sie genau dies. Mehrere Stunden rangen die Menschen dort um Luft.

Auch wer einfach nur abends auf die Straße ging, begab sich in Gefahr. Der 50-jährige Eduard K. nahm an den Protesten nicht teil. Er trat am 11. August einfach nur vor die Tür, um Zigaretten zu holen. Auf der Straße waren zu diesem Zeitpunkt viele Menschen. Plötzlich fuhr ein blauer Kleinbus vor, die moderne grüne Minna, heraus sprangen »Sturmhauben« und beschossen die Leute mit Gummigeschossen. Sie zielten gar nicht, schossen wahllos in die

Menge, dann sprangen sie zurück in ihren Bus und fuhren weiter.

Die Kleinbusse fuhren einfach die Prytyzki-Straße auf den Gehwegen entlang, an den Metro-Stationen Spartyŭnaja, Puschkinskaja und Kamennaja Horka vorbei, ohne Festnahmen. Wo mehrere Menschen zusammenstanden, wurden sie aus den Bussen heraus beschossen. Manchmal feuerten sie auf ein Fenster, wo Leute standen und sie verfluchten. Eduard erzählte, dass die »Sturmhauben« aus purer Freude schossen. Ein sinistres Paintballspiel. Er sah ihre zufriedenen Gesichter, dieses Spiel gefiel ihnen. Eduard selbst bekam zwei Gummigeschosse ab. Von einem hat er einen Bluterguss am Rücken, das andere blieb in seiner Hand stecken.

□■□

Diese Nachrichten versetzten das Land in Schock. Schon um sieben Uhr morgens, noch vor Beginn des Arbeitstags, gingen erneut Ärzte auf die Straße und bildeten Menschenketten, um gegen die Vorgänge zu protestieren.

Überall war die Empörung groß. Wie am Vortag streikten in vielen Großbetrieben die Arbeiter. Am Morgen versammelten sich Tausende Angestellte des riesigen Düngemittelherstellers *Grodno Azot* und forderten ein Ende der Gewalt sowie die Freilassung der Gefangenen. Am Vormittag gründete sich im Minsker Traktorenwerk ein Streikkomitee. Wie alle anderen waren auch die Arbeiter von den Nachrichten über die Folterungen schockiert. Sie erklärten, dass sie nicht mehr bereit seien, Steuern für die »Sturmhauben« zu bezahlen, die über unschuldige Menschen herfielen. Darum würden sie die Arbeit niederlegen, ganz ohne Lohnforderung.

Die Proteste im Traktorenwerk machten das Regime äußerst nervös. Nachmittags kam der Ministerpräsident in das Werk. Doch zu einem Gespräch mit den Arbeitern kam es nicht. Da keine Journalisten in das Werk gelassen wurden, verließen die streikenden Arbeiter das Gelände und verlangten, dass das Gespräch vor dem Werkstor stattfinden solle. Als der Ministerpräsident dies verweigerte, zogen die Arbeiter zum Haus der Regierung.

Immer mehr Betriebe schlossen sich im Laufe des Tages den Protesten an. Auf das Traktorenwerk folgte die riesige Ölraffinerie *Naftan*, dann die Reifenfabrik *Belschina* aus Babruisk, dann *BelOMO*, wo optische Geräte hergestellt werden, dann die Tabakfabrik *Njoman*, die Stadtwerke Hrodna, das *Minsker Zugmaschinenwerk*, die Raffinerie *NPZ* aus Masyr und viele weitere. Die Arbeiter der wichtigsten Unternehmen des Landes waren in Streik getreten.

Und auch die Bergleute standen ihnen zur Seite, bei *Belaruskali* in Salihorsk versammelten sich Tausende vor dem Verwaltungsgebäude des Werks.

Das Regime wurde immer nervöser. Streiks – davor hatte es die größte Angst. Gegen die Arbeiter war die ganze Armee der »Sturmhauben« machtlos. Das Einzige, was dem Regime jetzt noch blieb, waren Rückzug und Beschwichtigungsversuche.

□■□

Am Freitag erschien der Batka erstmals wieder in der Öffentlichkeit. Er tat so, als gehe im Land alles seinen normalen Gang, und versammelte in alter sowjetischer Tradition eine Gruppe von Anhängern, um mit ihnen über die Entwicklung des Bausektors in Belarus zu sprechen. Zugegebenermaßen, er begann mit den Worten: »Zunächst: Ich bin am Leben und nicht im Ausland.«

Ich wusste, dass er das Land nicht verlassen würde. Aber die Gerüchte über eine Präsidentenmaschine, die in Richtung Türkei abgehoben habe, waren nicht gänzlich aus der Luft gegriffen. Das ganze Land protestierte, und der Präsident schwieg. Am Vortag hatte sein Pressedienst sogar ein Foto von einer Versammlung veröffentlicht, auf dem er nicht zu sehen war. Bei einem Gespräch über die Entwicklung des

Brennstoffsektors hatten einige Beamte ihren Kopf so vor die Kamera gehalten, dass sie den Platz, an dem er normalerweise saß, verdeckten. Nur die hohen Lehnen der Stühle waren im Hintergrund zu erkennen. Es wirkte wie eine Illustration zu E. T. A. Hoffmanns Märchen *Klein Zaches genannt Zinnober*. Diese glatzköpfigen Minister mit den abstehenden Ohren und dahinter die pseudoklassischen Ohrensessel. Man musste glauben, er sei gar nicht anwesend. Und doch waren es nur Gerüchte.

□■□

Am Freitag gab es auch erstmals wieder Nachrichten von Zichanoŭskaja. Sie meldete sich aus Litauen, noch sichtbar unter Schock, und rief das Regime zum Dialog auf. Sie verkündete die Gründung eines Koordinationsrats, dessen Aufgabe es sei, eine Übergabe der Macht vorzubereiten. Vielleicht war sie auch gezwungen weiterzumachen. Ich hatte in den Monaten zuvor den Eindruck gewonnen, dass sie rein zufällig in die Politik geraten war und erst die unerwarteten Ereignisse sie immer wieder dazu veranlasst hatten, den nächsten Schritt zu tun. Und mit jedem dieser Schritte wurde eine Umkehr schwieriger. Sie konnte nicht mehr zurück.

Zuerst war im Mai ihr Mann verhaftet worden,

ein beim Volk beliebter Blogger. Dann wurde ihm aus vorgeschobenen Gründen die Teilnahme an der Präsidentschaftswahl verweigert. Getragen von der Welle der Begeisterung im Volk, gab sie bekannt, dass sie an Stelle ihres Mannes kandidieren würde. Das Regime unterschätzte sie und ließ die Kandidatur zu. Dann wurde auf dem Höhepunkt des Wahlkampfs Viktar Babaryka verhaftet, der aussichtsreichste Konkurrent des Batka. Plötzlich war sie der einzige echte Gegenkandidat. Schon damals gab es kein Zurück mehr, und der Einsatz wurde immer höher.

Wie hatte das Regime sie zur Wahl zulassen können? Hatte der Batka sein Gespür verloren? War diesem politischen Raubtier der Instinkt abhandengekommen? Hatte das Coronavirus ihm den Geruchssinn genommen? Oder war der Patriarch seiner Eitelkeit erlegen? Niemals wäre ihm, dem Oberhaupt einer Millionenfamilie, in den Sinn gekommen, dass eine Frau ihm zur Bedrohung werden könnte. Wer war sie denn? Eine einfache Hausfrau. Unsinn, was Lenin da geredet hatte. Eine Küchengehilfin kann keinen Staat lenken.

Seltsam und zugleich bezeichnend: An genau jenem Tag, an dem ihr Mann verhaftet wurde, erklärte der Batka, als wolle er unsichtbare Geister beschwören, unsere Verfassung sei nicht auf Frauen in der

Politik zugeschnitten. Unsere Gesellschaft sei dafür nicht reif. Belarus sei nicht Litauen, wo eine Frau Präsident ist. Dort habe man ein parlamentarisches System, die Präsidentin müsse nur schön lächeln und fertig. Verantwortung habe sie keine. Nicht so bei uns. Hier sei der Präsident das Fundament des gesamten Staates. Und deshalb könne in Belarus nur ein echter Kerl Präsident sein.

Ein echter Kerl – damit meinte er natürlich sich selbst. Er war der Batka des ganzen Volkes, halb Gott, halb Held, das Stammesoberhaupt. Sie war nichts als eine Küchenfrau, deshalb musste sie sich fügen. Doch plötzlich war diese Küchenfrau nicht nur zu seinem wichtigsten Herausforderer geworden. Sie hatte sich auch noch verdreifacht. Ihr waren zwei weitere Frauenköpfe gewachsen. Die Vereinigung der drei Wahlkampfteams drei Wochen vor der Wahl kam überraschend für alle. Für den Batka war sie ein Schock. Mit welchem Hass muss er die Show der drei »Hexen« beobachtet haben, die sich an seinen Herrenthron heranschlichen.

Die Vereinigung war tatsächlich ein Wendepunkt. Als wäre das Drehbuch in Hollywood geschrieben worden. *Die Hexen von Eastwick* mit Jack Nicholson, Cher, Susan Sarandon und Michelle Pfeiffer in den Hauptrollen. Drei sympathische »Hausfrauen« machen sich über den alten Opi lustig, den alle satt haben. Stecken Nadeln in die Holzfigur des heidnischen Minigotts, entweihen ihn öffentlich und wünschen ihm den politischen Tod.

Das Publikum war begeistert. Mehrmals ertappte ich mich bei dem Gedanken, dass eine solche Show nur von Polittechnologen mit einem Haufen Geld aufgezogen worden sein konnte.

Den Dissidenten der alten Opposition ging das alles ab. Ich erinnerte mich an die Wahlkämpfe der vergangenen 26 Jahre. An den meisten hatte ich selbst teilgenommen. Ich kannte die meisten der Gegenkandidaten persönlich und hatte zuverlässige Quellen. Selbst zu den besten Zeiten hatte die Opposition niemals über solche Mittel verfügt. Und wenn es mal etwas Geld gab, dann lief das spontan, es wurde mit den wenigen Mitteln improvisiert, persönliches Engagement war das Wichtigste. In diesem Jahr aber erhielt die alte Opposition gar nichts.

Der Westen unterstützte niemanden. Erstens wegen der Pandemie. Wahlen in Corona-Zeiten?

Außerdem war der Westen der Meinung, es sei zu riskant, den Batka herauszufordern. Der Kreml wartete doch nur darauf, dass es zu einer instabilen Lage kam, um dann mit einer kleinen verdeckten Aktion einzumarschieren. Daher schwiegen die Dissidenten der alten Garde in all diesen Monaten. Es war, als befänden sie sich in einer Parallelwelt. Für sie gab es nur einen Spieler. Dieser brauchte das Chaos und wollte daher die alte »Stabilität« des Batka untergraben. Ganz gewiss hatte er den Wahlkampf von Babaryka, Zichanoŭski und Valery Zapkala finanziert – alle drei Männer des Kreml. Oder nicht? In diesem byzantinischen Ränkespiel mit vielen Unbekannten konnte man sich nie ganz sicher sein.

Wahrscheinlich versuchte der Kreml tatsächlich, die Fäden zu ziehen. Irgendjemandem wurde etwas versprochen, dann wurde er hängen gelassen, weil er politisch nicht mehr opportun war. Vielleicht hatte der eine oder andere nicht direkt mit dem Kreml Kontakt, sondern mit Leuten aus der Umgebung. Bei genauer Betrachtung ist »der Kreml« nur eine Metapher. Es gibt in Moskau keinen solchen Monolithen, sondern nur ein Nebeneinander widersprüchlicher Interessen. Vielleicht hatte eine dieser Gruppen ein eigenes Spiel aufgezogen.

Sicher war ich mir aber, dass Mosfilm ein Drehbuch verfasst hatte und dass Geld für den Wahlkampf aus Moskau geflossen war, sei es auf Anordnung des Starzen aus dem Staatshaushalt oder aus den Schatullen von Unternehmern.

Am meisten standen mir bei Zichanoŭski die Haare zu Berge. Seine Art zu sprechen, die Emotionen, das Aussehen der Leute, die ihn umgaben – all das erinnerte mich an die Videos aus dem Donbass, als dort im Jahr 2014 alles losging. Im Verlaufe des Wahlkampfs tauchten dann tatsächlich Hinweise auf, dass Zichanoŭski mit der »Russischen Welt« in Verbindung stand. Im Juli veröffentlichte das Portal InformNapalm eine Recherche, wonach Zichanoŭski im Jahr 2018 auf die besetzte Krim gereist war.

Ähnliche Verbindungen fanden sich auch bei Valery Zapkala. Mir schien, dass er gar nicht erst versuchte, seine Sympathien für Moskau zu verbergen. Und in seinem Lebenslauf gab es Hinweise, dass er früher in Verbindung mit dem sowjetischen Geheimdienst KGB gestanden hatte.

Am klarsten schien die Sache aber bei Viktar Babaryka, dem langjährigen Vorsitzenden der Belgazprombank. Nicht nur, weil er sein halbes Leben lang für Gazprom gearbeitet hatte. Als er am 12. Mai via Facebook erklärte, er werde bei der Präsidentschaftswahl kandidieren, dachte ich, dass er entweder den Verstand verloren haben musste oder von sehr mächtiger Seite Garantien erhalten hatte. Warum sonst sollte ein Mann, der fast alles erreicht hat, ein solches Risiko eingehen?

Babaryka schrieb, dass er sich der Spielregeln sehr wohl bewusst sei, vor allem der entscheidenden, die schon Stalin auf den Punkt gebracht hatte: »Wichtig ist nicht, wie gestimmt wird, sondern wie wir zählen.« Aber dies sei, so Babaryka, vielleicht die letzte Chance, in einem unabhängigen Staat Belarus überhaupt irgendwelche Wahlen durchzuführen.

Es war tatsächlich die letzte Chance. Allerdings für den Kreml. Dass der Batka in absehbarer Zeit abtreten würde, war jedem klar, der etwas von Politik verstand. Und seine Nachfolge würde eindeutig jemand antreten, der das Land mehr in Richtung Europa und Demokratie führte. Selbst unter dem Batka war es in den Jahren zuvor ganz still und heimlich gen Westen gedriftet. Es bestand die Gefahr, dass es bald ganz verloren ging.

Der Kreml fürchtete eine Wiederholung des ukrainischen Szenarios. Diese Drift nach Europa musste um jeden Preis verhindert werden. Was Belarus in den letzten Jahren erreicht hatte, musste zerstört und das Land fest an Moskau gebunden werden. Jetzt war die letzte Möglichkeit dazu. Bei den nächsten Wahlen konnte es schon zu spät sein.

Im Jahr 2011, kurz nach den Präsidentschaftswahlen, begann die Belgazprombank unter Viktar Babaryka Werke von Künstlern der Pariser Schule aus dem frühen 20. Jahrhundert aufzukaufen. Das erregte sofort Aufmerksamkeit. Ein Banker, den zuvor kaum jemand gekannt hatte, brachte plötzlich Bilder von Chagall, Chaim Soutine, Ossip Zadkine, Léon

Bakst, Michel Kikoïne und anderen berühmten Malern in ihre ursprüngliche Heimat zurück.

Bald kamen andere Kulturaktivitäten dazu, ein Theaterfestival, der Herbstsalon, bei dem junge Künstler aus Belarus jedes Jahr ihre Werke ausstellen konnten, eine Crowd-Funding-Plattform. Babaryka baute faktisch ein oppositionelles Kulturministerium auf. Er finanzierte die unterschiedlichsten Projekte, kaufte eine alte Fabrik in der Kastrytschnizkaja-Straße, wo er das größte Kulturzentrum des Landes eröffnete.

Trat er als Mäzen auf, weil das von Anfang an Teil seiner politischen Strategie war? Fest stand nur, dass es im Frühjahr 2020 niemanden in Belarus mehr gab, der auch nur ein klein wenig mit Kultur zu tun hatte und Babaryka nicht kannte. In der Kulturszene war er ungeheuer beliebt. Und dieses Milieu war es, das ihn vor allem unterstützte, als er in den Wahlkampf zog.

Die Arbeiter und Bewohner der Kleinstädte erreichte Babaryka jedoch nicht. Sie kannten ihn nicht und selbst wenn sie von ihm gehört hatten, hätten sie niemals für einen Banker gestimmt. Für sie war Sjarhej Zichanoŭski da.

Das Drehbuch für den Film *Hau den Batka* war bis ins Kleinste durchdacht. Jede soziale Gruppe hatte ihren Kandidaten. Die städtischen Intellektuellen, die Kulturszene, die Jugend und die Studenten: Viktar Babaryka. Die Arbeiter, die Bauern und die Leute vom flachen Land: Zichanoŭski. Für die IT-ler, die technische Intelligenz und einen Teil der Nomenklatura gab es den Gründer der Minsker High-Tech-Wirtschaftszone Valery Zapkala.

Aber ernsthaft setzte Moskau auf keinen von ihnen. Um den Batka unter Druck zu setzen, musste niemand wirklich Neues an die Macht gebracht werden. Denn erstens ersetzte keine noch so ausgefeilte Polittechnologie den eigentlichen Schlussakt: die Stimmauszählung. Selbst wenn in hundert Wahllokalen die Verantwortlichen den Aufstand wagten und ein ungefälschtes Ergebnis verkündeten, läge der Batka trotzdem vorne. Zweitens war es riskant, die ganze Sache von Null aus zu beginnen, selbst wenn man den neuen Mann eigenhändig ausgesucht hatte. Eine Menge unerwarteter Dinge konnte geschehen, und schon wäre die Sache nicht mehr so klar. Damit hatte man sich schon mehrmals die Finger verbrannt. Erst den eigenen Mann ans Ruder gebracht, und dann steuerte der plötzlich nach Westen.

Sicherer war es, auf das Bewährte zu setzen. Erfahrung mit Daumenschrauben hatte man ja schon gemacht. Nach den Wahlen 2010 war der Batka für eine ganze Weile handzahm gewesen.

So wenig der Starze im Kreml den Batka ausstehen konnte, sprach doch ein Argument für ihn: keine Experimente. Wenn alles nach Plan liefe und die Vereinigung der beiden Staaten auf die Tagesordnung käme, dann würde es nicht ohne Referendum abgehen. Und wer würde das besser hinkriegen als der Batka, die beste unter all seinen Kreaturen, der das Fälschen beherrschte wie kein anderer? Das machte ihm keiner nach. Jeder andere musste wenigstens den Anschein einer ehrlichen Auszählung wahren.

Dass es nur darum ging, den Batka unter Druck zu setzen, verstand ich im Mai, als der Starze ihm eine Botschaft sandte: die Pantoffeln. Das war eine Drohung, vermischt mit Verachtung. Als hätte die Petersburger Mafia dem lokalen Paten einen Brief vom obersten Boss geschickt, nicht einmal ein Todeszeichen, einen toten Fisch oder ein Pik-As, sondern einen banalen Pantoffel. Noch erniedrigender war nur die Kakerlake.

Die Antwort kam schnell und hart. Der Batka war wütend und begann, die Leute von Zichanoŭski plattzumachen. Die Aktion war mit heißer Nadel gestrickt. Zichanoŭski selbst wurde noch im Mai verhaftet, nach dem hastig inszenierten Spektakel bei der Demo in Hrodna. Es war offensichtlich, dass die Schauspieler ohne großes Casting verpflichtet worden waren und dass man sich bei den Requisiten und beim

Bühnenbild nicht weiter den Kopf zerbrochen hatte. Daher war alles stümperhaft und durchsichtig. Die Hauptrolle hatte die erstbeste Hure bekommen, für die Nebenrollen wurden ein paar örtliche Polizisten eingesetzt. Aber das war egal. Das Regime war nervös, daher quälte es sich nicht mit Beweisen und einer guten Story ab. Kurz darauf sollten noch viele andere mit ebenso stümperhaft zusammengeschusterten Verfahren aus dem Verkehr gezogen werden. Und bei Zichanoŭski wurden 900 000 Dollar auf der Datscha unterm Sofa gefunden.

Genau das war der Plan der Kremlmafia: den Batka schwitzen lassen. Wer nervös ist, macht Fehler und manövriert sich immer tiefer in die Sackgasse. Nachdem Zichanoŭski ausgeschaltet war, kamen Babaryka und Zapkala an die Reihe.

Ich weiß nicht, was ihnen aus dem Kremlumfeld versprochen worden war, aber Anfang August war klar, dass man sie fallengelassen hatte. Niemand in Moskau würde sich mehr für sie ins Zeug legen.

Vielleicht war die Sache viel einfacher. Vielleicht hatten sie nicht damit gerechnet, dass der Batka von dem Schlag in Wanken geriet. Er sollte nur unter Druck gesetzt werden, damit er Fehler machte. Wer konnte denn damit rechnen, dass er den Verstand verlieren und das Land mit Terror überziehen würde?

Vielleicht hatten sie gedacht, er würde die wichtigsten Konkurrenten aus dem Verkehr ziehen, sie aber kurz vor den Wahlen wieder freilassen. Doch der Batka schlug sofort zu, brutal und maßlos. Ein politisches Tier wird unberechenbar, wenn man es in die Ecke treibt.

Vor allem hatten sie einen Faktor nicht auf dem Plan: das Volk. Wer hätte ahnen können, dass diese ruhige und träge Masse plötzlich explodiert? Noch im Dezember 2019 hatte es ganz anders ausgesehen. Zu Demonstrationen gegen eine Vereinigung mit Russland waren wohl kaum tausend, vielleicht auch zweitausend Menschen gekommen. Dabei ging es ums Überleben des unabhängigen Belarus.

Und dann kamen im Mai zu einer so banalen Aktion wie der Unterschriftensammlung für einen Kandidaten viele Tausende Menschen! Ich sah die endlosen Schlangen und traute meinen Augen nicht. Erst glaubte ich sogar, das sei alles inszeniert – nur anders als bei den zusammengeschusterten Aktionen des Batka, nämlich sehr professionell. Doch woher hatten die Adepten des Kreml das ganze Geld? Die Menschenschlangen machten mir Sorgen. Ich sah in ihnen eine Bedrohung für die Unabhängigkeit des Landes. Irgendwelche obskuren Telegram-Kanäle warfen einen Brocken hin, und Tausende latente Sowjetpatrioten liefen los, um für die Kreml-Kandidaten zu unterschreiben. Und all das mitten in der Pandemie, zu einer Zeit, als sogar die gefälschte offizielle Statistik hohe Zahlen zeigte.

Als es darum ging, für die Unabhängigkeit des Landes auf die Straße zu gehen, waren sie hinterm Ofen sitzen geblieben, und jetzt riskieren sie eine Ansteckung, um für Leute zu unterschreiben, die sich bewusst oder unbewusst an der Beseitigung der Unabhängigkeit beteiligen!

Bald aber wurde mir klar, dass ich den gleichen Fehler gemacht hatte wie der Kreml. Ich hatte die Unzufriedenheit der Leute unterschätzt. Als sie in Moskau das Drehbuch schrieben, hatten sie übersehen, dass das Volk ein politisches Subjekt ist. Sie waren davon ausgegangen, dass nur eine Handvoll Leute auf die Straße gehen würde, die ewigen Dissidenten.

Das Gleiche dachte auch der Batka. In seinem »Stabilitäts«-Szenario kam eine solche Panne nicht vor. Sicher, die wirtschaftliche Lage war nicht gut, aber das war kein ernstes Problem, deswegen würde keiner auf die Straße gehen. Er hatte unterschätzt, wie groß die Wut der Menschen war, wie sehr sie sein »Werk«, das er mit solcher Fürsorge 26 Jahre lang geschaffen hatte, heimlich verachteten.

Solange die Wirtschaft stabil war, fanden sie sich mit diesem absonderlichen Gemälde ab. In den letzten Jahren hatten sie versucht, es einfach zu ignorieren. Doch als die Seuche über das Land hereinbrach, diese gefährliche Epidemie, wurde das verlogene, zynische, durch und durch verkommene System einfach unerträglich.

Jetzt hatten die erbosten Leute nur noch eines im Sinn: egal wer, nur nicht der, der dieses System zusammengezimmert hatte. Aber der verstand nicht, was sich da abspielte, und goss immer neues Öl ins Feuer.

Die Arbeiter sagten: »Wir wollen Zichanoŭski!« Ab ins Gefängnis mit ihm. Die Künstler und Intellektuellen wollten Babaryka. Gleich hinterher. Bei Zapkala war nicht so klar, wer ihn unterstützte. Daher war er der Ungefährlichste und blieb in Freiheit. Das erzürnte die Leute noch mehr. Irgendwann war der Brand nicht mehr zu löschen.

Auch die Drehbuchautoren im Kreml hatten die Unzufriedenheit unterschätzt. Den Batka ein bisschen an die Wand drücken, das ja. Aber doch kein Volksaufstand. Vor einer Revolution hatten sie in Moskau genauso große Angst wie in Minsk. Was sollen die Russen denken, wenn sogar die tranigen, friedliebenden Belarussen auf die Barrikaden gehen?

Doch so unwahrscheinlich es auch schien – es passierte. Ein neuer Spieler betrat die Bühne: das Volk. Schluss mit allen Drehbüchern. Jetzt übernahm die Geschichte selbst die Regie.

Ja, es war eine Revolution! Am Freitagabend war es nicht mehr zu übersehen. Das Volk hatte das Recht auf einen Aufstand! Die belarussische Revolution rollte über das Land. Sie malte weiß-rot-weiße Fahnen auf alle Plätze, sie dröhnte mit Tausenden Hupen, sie zog in riesigen Märschen durch die Straßen. Alles sah danach aus, als habe das Regime aufgegeben. Auf den Straßen waren keine »Sturmhauben« mehr zu sehen. Nur mitten im Herzen der Gelben Stadt beim Palast der Weisen (dem Haus der Regierung) stand eine einsame Kette grüner Männlein mit gesenkten Schilden. Doch sie strahlten eher Demut aus. Gegenüber wogte ein Menschenmeer. Zehntausende Studenten, Arbeiter, Ärzte, Programmierer und Künstler waren auf den Platz gekommen.

Immer mehr Journalisten kündigten ihren Job bei den staatlichen Zeitungen und beim Fernsehen. Am Mittag hatten zwanzig Mitarbeiter des Senders STW ein Studio bestreikt. Auch viele Staatsangestellte quittierten den Dienst. Ein hochrangiger Kopf war allerdings noch nicht dabei. Allenfalls der ehemalige Kulturminister Pawel Latuschka, doch der war schon lange in Ungnade gefallen und mit dem Direktorenposten am Janka-Kupala-Theater abgespeist worden.

Im ganzen Land zogen am Freitagabend Zehntausende Menschen durch die Straßen, um ihren Sieg zu feiern. In Homel, in Wizebsk, in Maladsetschna, in Baranawitschy, in Lida, in Dsjarschynsk, in Schkloŭ, in Hlybokaje. In Hrodna versammelten sich 35 000 Menschen auf dem zentralen Platz. Eine unglaubliche Menge für eine Stadt mit 300 000 Einwohnern. Statt des braunen Ziegels, den der Batka geschaffen hatte, trugen die Menschen ihr eigenes phantastisches Werk durch die Straßen, ein riesiges weiß-rot-weißes Leinentuch.

Der siebte Tag

15. August, Samstag

Und es wurde Morgen,
und es wurde Abend.

Marta wurde am Samstagmorgen freigelassen. Ihre Sachen bekam sie nicht zurück. Handy, Wohnungsschlüssel und Bankkarten waren auf der Polizeiwache geblieben. Sie solle sie später abholen, in diesem Chaos sei es schwer, alles auf die Reihe zu kriegen. In den sieben Tagen hatte sie eine ganze Gefängnistournee absolviert. Zuerst war sie in Akreszina, dann im Bezirksuntersuchungsgefängnis, dann wieder in Akreszina und schließlich in Schodsina. Sie hatte Glück, sie wurde nicht geschlagen. Aber natürlich hörte sie, was um sie herum passierte. Die Schreie der Menschen, die nachts im Hof gefoltert wurden, die Beschimpfungen und das demütigende Gebrüll von »Gestapo«, dem Oberaufseher des Untersuchungsgefängnisses, einem besonders sadistischen Typen, der mit Genuss Gefangene schikanierte.

Am Anfang waren sie 25 in einer Viererzelle. Dann kam »Gestapo« und erklärte ihnen, sie sollten sich auf eine Zusammenlegung gefasst machen. Kurz darauf wurden weitere 25 in die Zelle gestoßen. Zum Sitzen war es nun zu eng, alle mussten stehen, nur einige wenige konnten sich kurz ausruhen. Schlafen ging auch nur abwechselnd. Marta hatte noch Glück, sie konnte sich unter einem der Etagenbetten auf dem Boden zusammenkauern. Aber an Schlaf war ohnehin nicht zu denken. Die fürchterlichen Schmerzensschreie draußen und das Gebrüll von »Gestapo« drinnen auf dem Gefängnisflur ließen sie ständig hochschrecken.

In Schodsina war es dann besser. Dort waren sie zu fünfzehnt in einer Zehnerzelle. Sie erhielten Essen und konnten schlafen. Aber auch dort gab es üble KZ-Prozeduren. Jedes Mal, wenn sie in ein neues Gefängnis gebracht wurde, musste sie sich nackt ausziehen und in die Hocke gehen. Täterbegutachtung nannten sie das. In Akreszina wurden die Gefangenen sogar dabei gefilmt. Natürlich sind Schläge schlimmer. Doch es ist demütigend und entwürdigend, gerade für eine junge Frau. Die Täterbegutachtung roch nach Gulag.

Als sie Marta freiließen, sagten sie ihr, dass sie eigentlich noch acht Tage zu sitzen habe. Wenn sie noch mal verhaftet würde, kämen die obendrauf.

Mit der Freilassung weiterer Gefangener schwoll die Flut der Berichte über die Folterungen an. Beim Lesen kam mir der Gedanke, wie dünn der Firnis der Zivilisation ist. Er platzt leicht ab, und darunter kommt die Barbarei zum Vorschein. Wie sonst sollte man erklären, dass Menschen, die in derselben Stadt leben, dieselben Straßen entlanglaufen, ihre Kinder in dieselben Kindergärten bringen, aussehen wie jedermann, so grausam sind?

In der Nacht von Freitag auf Samstag erschien ein großer Bericht aus der Notaufnahme des Krankenhauses, in das die Verwundeten gebracht wurden. Fast alle hatten schwere Gehirnerschütterungen, Prellungen, Blutergüsse am Kopf, schwere Schocks, manchmal Leberrisse.

Ein Mann namens Alexander war von der Verkehrspolizei in der Nähe der Roten Kirche angehalten worden. Sie überprüften seine Papiere, er musste den Kofferraum öffnen. Dann sollte er ein paar Meter weiterfahren und dort warten.

»Nach drei-vier Minuten hielt ein schwarzer Kleinbus mit getönten Scheiben und vier Männer stiegen aus. Keine OMON-Leute, die haben ein dreieckiges Abzeichen hinten an der Uniform. Sie umstellten mein Auto und sagten mir, dass ich aussteigen soll.

Warum, haben sie nicht gesagt. Ich solle die Klappe halten. Sie öffneten die Tür und zerrten mich aus dem Auto. Dann haben sie mir den Kopf nach unten gebogen und mich zu ihrem Wagen geführt. Zehn Minuten sind sie mit mir rumgefahren und haben mich dabei die ganze Zeit geschlagen. Dann hielten sie neben einem Gefangenentransporter und zwangen mich, auf den Knien hinzukriechen. Drinnen sollte ich mich in ein Eck stellen und nicht ans Fenster gehen. Wenn ich versuchen würde rauszuschauen, wär's vorbei mit meinen Augen.

Ein paar Minuten später haben sie noch drei Leute reingestoßen. Die waren schon in Handschellen. Ganz normale Arbeiter, sie waren von der Baustelle gekommen. Wir sind durch die Gegend gefahren, und immer mehr Leute wurden aufgesammelt. Dann wurden wir zum Polizeirevier des Lenin-Rayon gefahren. An der Einfahrt waren Schreie zu hören, von Leuten, die geschlagen wurden. Wir waren so viele in dem Transporter, dass wir nicht sehen konnten, was da passiert. Wir fuhren auf den Hof und dann gingen die Türen auf. Draußen ein Korridor mit niedrigen Absperrungen links und rechts: Während du durchgehst, prügeln von beiden Seiten OMON-Leute mit Schlagstöcken auf dich ein und schreien: ›Revolution wollt ihr? Hier habt ihr eure Revolution.‹

Dann stellten sie uns an der Mauer des hinteren

Hofs auf. Drei von den Kerlen gingen an uns vorbei und schlugen uns. Ein Mann neben mir verlor das Bewusstsein. Wir haben versucht, ihm zu helfen. Da prügelten sie auf uns ein und auf ihn auch, damit er wieder zu sich kommt.

Sie haben ihn an die Wand gedrückt und geschrien: Wenn du noch mal fällst, stehst du nicht mehr auf.

Dann brachten sie zwei Leute rein und brüllten, das seien die Organisatoren oder so etwas, Äxte und Messer hätten sie dabeigehabt. Sie schrien sie an: ›Ihr Wichser, ihr habt das angezettelt.‹ Und schlugen übel zu. Dann haben sie noch eine Gruppe Leute reingeführt. An der Wand war schon kein Platz mehr.

In dieser Gruppe hatten viele Wunden von Gummigeschossen. Einige waren ohnmächtig. Mit Überprüfen war da nichts mehr.

Zwei Leute mit Verletzungen lagen neben mir. Einer hatte am Kopf oder am Hals eine Wunde. Ein Krankenwagen war da, die haben angefangen zu telefonieren, wer wohin gebracht werden kann, weil es so viele waren mit solchen Wunden. Ich habe es so verstanden, dass die meisten ins Militärkrankenhaus gebracht wurden und die, um die es richtig schlecht stand, in ein Krankenhaus in der Nähe, weil sie es sonst nicht geschafft hätten.

Einige verloren das Bewusstsein. Kippten einfach weg. Der Mann, der neben mir lag, wurde weggetragen. Und drei oder vier von den OMON-Typen oder Polizisten, völlig durchgeknallte, prügelten auf die Leute mit den Schusswunden ein und brüllten die Sanitäter an, die ihnen helfen wollten.

Eine Ärztin brüllte zurück: ›Weg da! Warum schlägst du den, der ist doch schon fertig.‹ Und der Typ: ›Halt die Fresse, noch ein Wort, und du liegst daneben.‹

Die Frau, echt mutig war die, schreit ihn an. Er war der Typ: Du machst hier, was ich sage. Und sie: Hier gebe ich die Befehle, weil dort einer am Sterben ist.

Sie haben versucht, so viele wie möglich in den Krankenwagen zu kriegen, aber es waren krass viele da. Keine Ahnung, von wo sie die hergebracht hatten. Ganz viele Verprügelte, mit blutenden Wunden. Und die Ärzte durften nicht helfen.

Neben mir lagen zwei mit Schusswunden. Dann wurde noch eine Gruppe reingebracht. Die war mit Tränengas beschossen worden. Sie lagen da und drückten sich die Hände aufs Gesicht, bettelten um Wasser, damit sie die Augen auswaschen können. Haben nichts mehr gesehen.«

In der ersten Nacht des Widerstands ging das Bild einer jungen Frau mit blutüberströmtem Kopf durchs Internet. Es war irgendwo in der Nähe der Stele aufgenommen worden. Im Krankenhaus stellten die Ärzte fest: Schädel-Hirn-Trauma, Platzwunden an der rechten Schläfe und an der Schulter, Splitter in den Wangen und im Bereich des rechten Auges, ein Fremdkörper in der Lederhaut, Quetschung des Augapfels, Bluterguss im rechten Auge. Explosionsverletzung. Davon auch Trommelfellriss im rechten Ohr.

Die 19-jährige Maria hatte Splitter einer Blendgranate und mehrere Gummigeschosse abbekommen. Als sie ins Krankenhaus gebracht wurde, konnte sie weder hören noch sehen. Sie hatte noch Glück. Ohne ihre Kontaktlinsen hätte sie für immer das Augenlicht verlieren können. Maria wurde ganz zu Beginn der Proteste verletzt, als die Leute friedlich zusammenstanden. Die Polizei stand gegenüber und schaute zu. Plötzlich fuhr ein Design-Wasserwerfer vor und es gab eine Explosion. Maria wurde zu Boden geworfen und verlor das Bewusstsein.

Am gleichen Morgen erschien eine ausführliche Reportage bei Onliner. Unzählige Leute waren einfach grundlos auf der Straße festgenommen und anschließend gefoltert worden. Sie hatten nichts mit den Protesten zu tun gehabt.

Faktisch lief eine mehrtägige Strafaktion, die sich gegen jeden richtete, der sich auch nur auf der Straße zeigte. Es herrschte Ausgangssperre, ohne dass jemand diese offiziell verhängt hatte. Jeder konnte geschnappt und gefoltert werden. Egal wie alt er war.

Juri, fünfzig Jahre alt, Lastwagenfahrer, hatte sich nicht an den Protesten beteiligt. Am 10. August hatte er mit Freunden seinen Geburtstag gefeiert und war gegen 17 Uhr mit seiner Frau auf dem Nachhauseweg. Der Bus fuhr nur bis zum Platz der Unabhängigkeit, weil die Straße ab da gesperrt war. Sie gingen zu Fuß bis zum Zirkus, von dort wollten sie zur Njamiha laufen, um dann mit einem anderen Bus nach Hause zu fahren. Als sie am Janka-Kupala-Park vorbeiliefen, hörten sie plötzlich jemanden rufen: »Den da!«.

Mehrere »Sturmhauben« stürzten sich auf Juri und drehten ihm die Arme auf den Rücken. Seine Frau wollte ihn festhalten, doch sie schlugen ihr mit Knüppeln auf die Hände. Juri rief seiner Frau zu, sie solle weglaufen, wegen der Kinder.

Juri wurde zu einem gelben Bus geführt, der aussah wie ein ganz normaler Linienbus. Drinnen fielen sie sofort über ihn her. Es waren schon zehn andere Leute in dem Bus, neben ihm wurde eine Frau geschlagen, die immer wieder das Bewusstsein verlor. Einige forderten, einen Krankenwagen für sie zu rufen, aber jeder, der das wagte, bekam noch mehr Prügel. Dabei brüllten sie: »Frischfleisch«.

Dann wurden alle auf das Polizeirevier im Sawezki-Rayon gebracht, wo sie sich an einer Wand aufstellen mussten. Insgesamt um die achtzig Leute. Juri stand dort fast vierundzwanzig Stunden mit erhobenen Händen. Von Zeit zu Zeit ging irgendein Major über den Hof und schrie, dass alle erschossen würden, dass der Befehl schon da sei. Er ging an der Reihe entlang und schlug Leute mit seinem Knüppel. Einige verloren davon das Bewusstsein. Ab und zu wurde einer gezwungen, die Wand lang zu rennen, und während er lief, wurde er geschlagen.

Kirill, Verkaufsleiter in einem Geschäft, fuhr am 12. August vom Training zur Arbeit. 50 Meter vor seinem Ziel wurde er gestoppt. An einem Fußgängerübergang hielt neben ihm ein Bus mit getönten Scheiben. Kirill wurde aus seinem Auto geholt und in den Bus gezerrt, sein Telefon wurde ihm weggenommen, und dann schlugen sie ihn mehrmals grundlos auf den Kopf. Anschließend wurde er zu einem Gefangenentransporter gebracht, wo er sich mit dem Gesicht nach unten auf den Boden legen musste.

Dann traten sie auf ihn ein. Auf dem Polizeirevier wurde er weiter geprügelt, ein Schlag brach ihm die Nase. Später wurden Kirill und ein Dutzend weiterer Leute in den Keller gebracht und gezwungen, die alte sowjetische Hymne zu singen. Währenddessen wurden sie weiter geschlagen. Dann mussten sie sich auf den Boden legen. Nach einer halben Stunde kamen die »Sturmhauben« zurück, zwangen ihre Opfer, auf die Knie zu gehen, und ließen sie wieder die Hymne singen.

In vielen Berichten taucht dieses Motiv auf: Sie wurden gezwungen »Ich liebe den OMON« zu rufen und die sowjetische Hymne zu singen. Faktisch war das die offizielle belarussische Hymne, sie hatte nur Anfang der Neunziger ein kleines Upgrade erhalten. Warum wurden die Menschen gezwungen, diese Hymne zu singen? Ihre Peiniger waren ja nicht einmal in der Sowjetunion geboren, Sehnsucht nach diesem Land konnten sie eigentlich gar nicht haben. Doch sie waren so etwas wie seine verspäteten unehelichen Kinder. Aufgewachsen in der Asche des Imperiums, benetzt mit den Tränen der gequälten Mütter, vom Wind des Gulag durchweht. Vielleicht hatte der Batka ihnen die sowjetische Hymne 26 Jahre lang als Schlaflied vorgesungen? Sie mit der rauen Soldatengrütze aus der Aluminiumschüssel gefüttert und mit heißem Wasser getränkt?

Sobald einer erwachsen wurde, bekam er eine Sturmhaube über den Kopf, denn seine Soldaten durften kein Gesicht haben und keine eigenen Gedanken und keinen Namen. Ab in die Armee. Jetzt dienten sie ihm nach Kräften.

Dem dreißigjährigen Programmierer Ales aus Minsk schoben sie am 11. August direkt im Milizfahrzeug einen Knüppel in den Anus.

»Sie wollten, dass ich mein Telefon entsperre. Ich habe mich geweigert. Sie haben ihren Chef geholt. Der hat mir gedroht, dass er mir seinen Knüppel in den Hintern steckt. Er hat meine Hose und meine Unterhose hinten aufgerissen und zu seinen Leuten gerufen, ob einer ein Kondom hat. … Ich lag am Boden, das Gesicht nach unten, aber ich habe gesehen, wie er das Kondom über den Knüppel zieht. … Er hat mir den Knüppel in den Anus gesteckt. … Dann hat er ihn rausgezogen und wieder das Passwort verlangt. Er hat mich geschlagen und getreten. In die Rippen, ins Gesicht, gegen die Zähne. Zwei Schneidezähne sind abgebrochen.«

□■□

Zwei Tage vor den Wahlen hatte der Batka einen sonderbaren Satz gesagt. Der Sinn erschloss sich erst jetzt. Er hatte öffentlich erklärt, er habe Corona gehabt.

Vielleicht war es nur ein PR-Move im Wahlkampf: Ich bin nur ein »Sterblicher«, so wie ihr, ich bin auch mal krank. Aber eines war mir hängengeblieben. Wie zum Scherz hatte er gesagt, man könnte doch jedem Oppositionellen einen Tropfen seines Blutes einflößen, da seien ja jetzt Antikörper drin. Und dann: »Wenn du auf die Intensivstation kommst, ist es dir egal, von wem du Blut bekommst, Hauptsache du überlebst.« Der Satz klang schon damals unheilvoll. Jetzt bekam er einen neuen, fast okkulten Sinn. In vielen Religionen lebt die Seele des Menschen in seinem Blut, und der ewige Bund wird mit Blut geschlossen. Vielleicht hatte dieser Satz eine verschlüsselte Botschaft enthalten: »Flößt meinen Feinden einen Tropfen meines Blutes ein. Haucht ihnen meine Seele ein, damit sie nicht mehr aufbegehren, und unser Bund ein ewiger sein wird.« Aber zuerst musste ihr Blut fließen.

Alles, was in diesen Tagen im Land geschah, war eine penibel geplante Strafaktion. Das konnten keine eigenmächtigen Entscheidungen einzelner Kommandeure oder Einsatzführer sein. Den Befehl hatte der Batka persönlich gegeben. Jetzt wurde klar, warum er vor den Wahlen alle Einheiten der Sondereinsatzkräfte besucht hatte. Er hatte sie eigenhändig auf Brutalität ausgerichtet. Wer sich gegen sein Werk erhebt, muss nicht einfach zum Schweigen gebracht, er muss demonstrativ bestraft werden. Allenfalls das Ausmaß der Gewalt mochte verwundern. Nicht nur in der Hauptstadt wurde »den Feinden Blut eingeflößt«, sondern in jedem Winkel des Landes, wo Menschen gewagt hatten aufzubegehren. Und überall das gleiche Szenario, Unterschiede allenfalls in den Details.

Andrej, ein Musiker, fuhr am 10. August aus seinem Heimatdorf zu Verwandten nach Pinsk. Am Abend begleiteten ihn sein Bruder und dessen Frau zur Bushaltestelle. Neben ihnen hielt ein Wagen ohne Nummernschilder, »Sturmhauben« sprangen heraus und prügelten auf die drei ein.

»Ich war völlig schockiert. Ich dachte, das ist irgendein Bandenkrieg, die haben mich verwechselt. Sie haben mich ununterbrochen geschlagen und angebrüllt. Auf der Straße und dann weiter im Auto. Aber das war noch harmlos. Das Schlimmste kam dann auf der Polizeiwache. Sie haben auf mich eingeprügelt, mich geschubst und getreten, mit Knüppeln auf mich eingedroschen und mit einem kurzen Ding aus Metall, so schwer wie ein Vorschlaghammer, auf meinen Kopf geschlagen. Sie haben mich auf den Boden geworfen, Gesicht nach unten. Einer hat mit den Füßen meinen Kopf eingeklemmt und ein anderer immer wieder drauf auf meinen Kopf. Zwanzig-, dreißigmal. Ich dachte, das hört nie wieder auf. Dann haben sie mir die Finger umgebogen. Einer hat mir Stecknadeln unter die Fingernägel getrieben. Sie haben gebrüllt, dass sie mich erschießen. Es waren noch andere Leute in dem Raum, die haben sie genauso misshandelt. Ich kann nicht sagen wie viele, weil es mir gelb vor den Augen flimmerte und in den Ohren dröhnte.

Ein Junge, so um die 18, hat gewimmert, dass sie uns erschießen, und ich war auch sicher, dass sie das tun würden. Ich habe gebetet und mich darauf vorbereitet, dass ich jetzt sterben werde. Und sie haben sich amüsiert.«

Dem einen trieben sie Nadeln unter die Nägel, dem anderen steckten sie einen Knüppel in den Anus. Aber die Linie war überall die gleiche. Schläge bei der Verhaftung, Schläge auf der Fahrt zum Polizeirevier, Schläge beim Einsteigen und Schläge beim Aussteigen, Schläge auf der Wache und dann alle wie Vieh in eine Zelle gepfercht. Zwei Tage Erniedrigung beim Warten auf den Prozess, Atemnot wegen der Enge, kein Essen, kaum Wasser, unter katastrophalen hygienischen Bedingungen mitten in einer Pandemie.

Es geschah, was zu anderen Zeiten hätte geschehen sollen. Die postmoderne Diktatur warf ihre postmoderne Hülle ab. Zum Vorschein kam eine ganz gewöhnliche Diktatur: tumb, sinnlos und grausam.

Eine klassische Diktatur, wie aus dem Lehrbuch. Sie hüllte sich schon nicht mehr in das Gewand einer Pseudolegalität. Keine Schnörkel und Zwischentöne mehr. Selbst der lächerliche Prozess gegen Marta vor wenigen Tagen hatte noch in dieser anderen, »weichen«, postmodernen Welt stattgefunden. Jetzt war alles anders.

Die Gerichtsverhandlungen finden per Skype statt. Das Regime macht sich keine Mühe mehr, die Gefangenen in den Gerichtssaal zu bringen. Angeblich wegen der Pandemie. Aber dass fünfzig Leute in eine kleine Zelle gepfercht werden, ist ihnen egal.

In Wahrheit gibt es einfach so viele Gefangene, dass sie es nur am Fließband schaffen. Die Verhandlungen finden alle nach dem gleichen, eilig zusammengeschusterten Drehbuch statt.

»Unsere Verhandlungen waren am Montag, direkt im Gefängnis, im ersten Stock«, schreibt Darja Tsch.

»Dort hatten sie Tische hingestellt mit Laptops drauf. Einige von uns wurden nach einer Liste aus der Zelle geholt und wir mussten uns bei den Tischen mit dem Gesicht zur Wand hinstellen und warten, bis wir aufgerufen werden.

Wir haben sehr lange dort gestanden und auf ein Signal aus dem Gericht gewartet. Endlich kam ein

Gong, und wir hörten die ganze Verhandlung der ersten Angeklagten. Sie bekam elf Tage. Da war mir klar, dass mir das auch blüht. […]

Als Nächstes war ich dran. Ich konnte kaum was verstehen und auch nur schlecht sehen. Ich habe mich zum Bildschirm gebeugt und die Richterin gesehen. Sie hatte eine Maske auf, aber nicht über Mund und Nase, so habe ich wenigstens ein bisschen was verstanden.

Sie hat die Sitzung eröffnet und mich nach meinen Personalien gefragt, ob ich Kinder habe, jemanden pflege und so weiter.

Dann kam das Protokoll dran. Es war bei allen genau gleich. Dazu kamen die Aussagen von irgendeinem Zeugen namens Orlow. Den habe ich auch kaum verstanden. Sie hat das Protokoll vorgelesen und gefragt, ob ich etwas hinzufügen will. Ich habe gesagt, dass ich nicht zwischen 15.30 und 15.40 Uhr verhaftet wurde, wie es dort behauptet wird. Und dass ich nichts gerufen habe. Sie hat gegrinst und einfach weitergemacht. Am Ende hat sie mich gefragt, ob ich gewusst habe, dass die Demonstration nicht genehmigt war. Ich habe gesagt, dass mir das klar war. Sie hat gefragt, warum ich dann hingegangen bin. Ich habe gesagt, dass ich mich als Staatsbürgerin dazu verpflichtet gesehen habe, weil es keine anderen Möglichkeiten mehr gibt.

Dann wollte das Gericht sich für zwei Minuten zurückziehen, aber es hat 15 Minuten gedauert, weil der Empfang weg war. Als Skype wieder funktionierte, hat die Richterin das Urteil verlesen. 13 Tage. Dann wurde ich wieder in die Zelle geführt.

Ich war nicht einmal schockiert, ich hatte ja gewusst, dass das kommen kann. Ich hatte es schon gewusst, als ich mich entschloss, zu der Demonstration zu gehen. Daher konnte ich mit der Situation umgehen. Ich habe sogar eine innere Kraft gespürt. Kraft und Klarheit und Frieden und Ruhe. Das hielt fast die ganze Zeit an, während ich im Gefängnis war.

Zwei aus meiner Zelle haben Geldstrafen bekommen und drei 13 Tage Arrest. Einer 59-jährigen Frau haben sie elf Tage gegeben.

Wir haben viele Prozesse mit angehört. Sie waren alle gleich. Bei einigen gab es anonyme Zeugen, die Schwachsinn erzählt haben. Die Angeklagten haben nachweisen können, dass sie lügen, aber sie haben trotzdem zwei Wochen gekriegt. Manche hatten Anwälte. Aber das hat auch nicht geholfen.

Es gab einige lustige Situationen. Weil der Empfang so schlecht war, haben sie den Laptop auf irgendetwas draufgestellt. Plötzlich ist er runtergerutscht und mit riesigem Getöse auf den Boden geknallt. ›Was ist passiert?‹ ›Das Gericht ist abgestürzt!‹

Bei einer Frau gab es einen Zeugen. Als er auf dem Bildschirm auftaucht, hat sie gesehen, dass das der Polizist ist, der sie auf der Wache vernommen hat. ›Den kenne ich, der ist von der Polizei‹ – ›Einen Moment‹. Das Bild verschwindet, und als es wieder auftaucht, sitzt da der gleiche Typ nur mit anderen Klamotten und mit Maske. ›Aber das ist doch der Gleiche wie eben!‹ – ›Einen Moment‹. Wieder der Gleiche, dieses Mal mit Sturmhaube.«

□■□

»Jemand mußte Josef K. verleumdet haben, denn ohne daß er etwas Böses getan hätte, wurde er eines Morgens verhaftet. Die Köchin der Frau Grubach, seiner Zimmervermieterin, die ihm jeden Tag gegen acht Uhr früh das Frühstück brachte, kam diesmal nicht. Das war noch niemals geschehen. K. wartete noch ein Weilchen, sah von seinem Kopfkissen aus die alte Frau, die ihm gegenüber wohnte und die ihn mit einer an ihr ganz ungewöhnlichen Neugierde beobachtete, dann aber, gleichzeitig befremdet und hungrig, läutete er. Sofort klopfte es und ein Mann, den er in dieser Wohnung noch niemals gesehen hatte, trat ein. Er war schlank und doch fest gebaut, er trug ein anliegendes schwarzes Kleid, das ähnlich den Reiseanzügen mit verschiedenen Falten, Taschen,

Schnallen, Knöpfen und einem Gürtel versehen war und infolgedessen, ohne daß man sich darüber klar wurde, wozu es dienen sollte, besonders praktisch erschien. ›Wer sind Sie?‹ fragte K. und saß gleich halb aufrecht im Bett. Der Mann aber ging über die Frage hinweg, als müsse man seine Erscheinung hinnehmen, und sagte bloß seinerseits: ›Sie haben geläutet?‹«

Natürlich war das nicht Chile im Jahr '73, nicht Moskau 1937 und nicht Nazideutschland. Aber es war eine besonders grausame, in Realität verwandelte Kafka-Welt. Was sich bei den Gerichtsverhandlungen abspielte, war nicht weniger absurd als die Geschichte des unschuldigen Josef K., den jemand verleumdet haben musste. Nur dass der fest gebaute Mensch in anliegendem schwarzem Kleid hier kein Gesicht hat.

Es konnte in diesen Prozessen keine echten Zeugen geben. Die »Sturmhauben« in der ersten Reihe der gesichtslosen Unterdrückungsmaschine hatten keine Ahnung, wohin die Leute, die sie da wegschleppten, später gebracht werden. Die willkürlich ernannten Zeugen sahen die Angeklagten beim Prozess zum ersten Mal. Um das zu verbergen und damit die Angeklagten sie nicht wiedererkennen können, waren sie bei der Anhörung maskiert. Und sie traten unter Pseudonym auf. Immer neue Iwan Iwanows und Pjotr Petrows betraten die Bühne. Ob diese auffällig unauffälligen Allerweltsnamen aus Einfallslosigkeit gewählt wurden oder aus blankem Zynismus, ist unklar.

Die Anklage sowie Zeit und Ort der Festnahme wurden auch einfach kopiert. Ob sie etwas mit der Realität zu tun hatten, interessierte die Richter nicht. Einsprüche wurden in aller Regel abgelehnt. Die Nähe zu Kafkas »endloser Katastrophe« entstand auch dadurch, dass der Prozess aus der Ferne geführt wurde. Ein Unsichtbarer am anderen Ende der Leitung entschied über das Schicksal der Menschen. Dieser Jemand saß in einem Kafka-Schloss und fällte Urteile, die so absurd waren wie dessen Stoffe.

□■□

Einige Tage vor den Wahlen hielt der Batka noch einmal eine Rede an das Volk und das Parlament. Als ich mir das später anschaute, ertappte ich mich bei dem Gedanken, dass man besser von einer »Rede an mein Werk« sprechen sollte. Der Batka betrat den riesigen, violett ausgeleuchteten Saal und wandte sich seinem Bild zu. Erstmals konnte ich im Detail betrachten, was er in all den 26 Jahren gemalt hatte. Bei Tageslicht handelte es sich um ein riesiges, 150 × 100 Meter großes, dick und einheitlich bemaltes braunes Rechteck. Was genau es darstellte, war schwer zu sagen. Kein Himmel, keine Erde, keine Menschen, aber der Titel *Stabilität* entsprach offensichtlich dem sonderbaren, fast modernen Gemälde. Doch im violetten Licht der Scheinwerfer des Konzertsaals trat plötzlich ein Relief hervor.

Ich konnte nun genau erkennen, dass es sich um Menschen handelte. Abertausende menschliche Gestalten und Gesichter. Ein grandioses Gruppenbild seines Regimes. Die Machtvertikale, die Pyramide, an deren Spitze er stand. Individuelle Züge waren nicht zu erkennen. Der Batka arbeitete mit Schwung und großer Axt, Nuancen waren so nicht zu zeichnen. Daher ähnelten die holzschnittartigen Gesichter einander so sehr. Abertausende identische braune Gesichter. Die Männer waren an Bürstenschnitten, die Frauen an gewellten Hochfrisuren zu erkennen. Ab und an mal eine Schirmmütze oder das Schulterstück eines Generals.

Ich versuchte zu erkennen, ob es auf dem Bild einen Himmel gab. Doch die Kameras zeigten fast ununterbrochen den Batka und schwenkten nur selten zu dem Gemälde. Daher musste ich heimlich vorgehen. Ich schaffte es gleichwohl. Über den Abertausenden Gesichtern hing eine schwere, horizontale Konsole. Zuerst dachte ich, sie symbolisiere vielleicht einen Nachthimmel, doch bald verstand ich, dass es ein Balkon war. Von dort blickten noch einmal Tausende braune, einförmige Köpfe auf den Saal. Über diesem Balkon entdeckte ich einen weiteren, wieder mit Tausenden Gesichtern. Darüber noch einen und noch einen. All diese sonderbaren, mit der gleichen Schablone gezeichneten Gesichter schauten von den Balkonen auf ihren Schöpfer.

In dem riesigen, violett ausgeleuchteten Saal saß der Kern seines Regimes – die Senatoren und Minister, die Propagandabeauftragten und die Roten Direktoren, die Kolchosvorsitzenden, die Helden der Arbeit und die Generäle der Staatssicherheit. Plötzlich wurde mir klar, dass der Batka in den vergangenen 26 Jahren einfach alle an der Nase herumgeführt hatte. Er hatte erklärt, dass sein Bild *Stabilität* heißt, in Wirklichkeit aber hieß es *Macht*. Daher wollte er es nicht hergeben, nicht einmal an die Starzen. Sich von der Stabilität trennen ist schwer, aber möglich. Von der Macht: niemals!

Nun stand er vor seinem Werk mit den Tausenden Gesichtern, vor denen, die etwas zu verlieren hatten, und sagte jenen denkwürdigen Satz, der später immer wieder zitiert werden sollte: »Belarus ist unsere Liebste, und was man liebt, gibt man nicht her.« Natürlich meinte er das anders. Aber er stand vor seiner violett angestrahlten »Liebsten«, und erklärte, dass er sie nicht hergeben werde.

□■□

Was der Batka empfand, war nicht schwer zu erraten. Das Land gab ihm den Laufpass und das brachte ihn in Rage. Die »Liebste« liebte ihn nicht mehr. Sie riss sich aus seinen hysterischen Umarmungen, auch wenn es weh tat, Wunden hinterließ und Skandale verursachte. Und ihm fiel nichts ein, als sie zu schlagen, damit sie ihn wieder liebt. Zu schlagen und zu erniedrigen. Es war die Wut des prügelnden Ehemanns, der von seiner Frau verlassen wird, mit der er 26 Jahre verbracht hat. Verstand er vielleicht wirklich nicht, warum sie ging? Er hatte doch so viel für sie getan. Hatte sie eingekleidet und ernährt. Und jetzt wollte die Undankbare abhauen. Das konnte er nicht zulassen. Sie würde es sich bestimmt noch einmal überlegen. Sie brauchte bloß eine Therapie, der Gürtel wird's richten, ein blaues Auge geht vorüber, aber den Unsinn, den ihr da jemand eingeflüstert hat, der muss aus dem Hirn geschüttelt werden. Dann wird sie sich mit der Zeit beruhigen, und alles kommt wieder ins Lot.

Aber was empfanden diejenigen, die nur ihre Rolle spielten? Die »Sturmhauben«, die Menschen quälten und folterten? Die waren ja nicht einfach von einem anderen Planeten hergeflogen, sondern sie lebten Tür an Tür mit dir, sie brachten ihre Kinder in die gleichen Kindergärten, und auf ihren Facebook-Profilen lächelten sie wie ganz normale Leute. War das wirklich alles Maske? Waren das gar keine Menschen, sondern Werwölfe mit Schulterklappen? Die alte sowjetische Wendung von den »Unmenschen mit Schulterklappen« kehrte in kaltem, violettem Gulag-Licht zurück. Nicht zufällig brüllten viele von ihnen immer wieder: »Jetzt fahren wir euch in den Wald!«

Das war keine leere Drohung und nicht bloß eine Floskel. Wäre der Befehl gekommen, vielleicht nicht alle, aber einige hätten ihn ohne Zögern ausgeführt. Allerdings waren sie sich damals in den Dreißigern sicher, dass sie Volksfeinde erschießen. Sie errichteten eine neue Welt und kämpften für diese Idee. Das nimmt den Mördern nicht ihre Schuld, aber es erklärt das Geschehen.

Wofür waren diese hier bereit zu morden? Dieses Regime hatte schon lange keine Ideen mehr im Angebot. Würden sie wirklich Menschen umbringen für eine günstige Sozialwohnung? Wegen eines zurückzuzahlenden Kredits? Wegen der Rente mit 45? Wegen Prämien und einem kleinen Lohnzuschlag? War denjenigen, die in den Gefängnissen und Gefangenentransportern Menschen quälten, bewusst, dass sie Verbrechen begingen? Wäre es ihnen klar gewesen, hätten sie es wohl kaum wegen einem Lohnzuschlag getan. Vermutlich glaubten sie tatsächlich, dass sie es mit Volksfeinden zu tun hatten.

So war es schon in den Neunzigern. Die Männer der ersten »Todesschwadronen« waren davon überzeugt, dass sie nicht morden, sondern nur Befehle ausführen. Daher das ganze scheinbar unnötige Getue rund um die Pistole, die speziell für die zum Tode Verurteilten da war und jedes Mal gegen Unterschrift aus einem Safe im Untersuchungsgefängnis Nr. 1 geholt werden musste, bevor das nächste Opfer in den Wald gefahren wurde. Das ganze Theater war notwendig, damit die Schauspieler glaubten, dass sie Gutes tun. Am Anfang hatten sie ja echte Verbrecher erledigt, da waren kaum Zweifel aufgekommen. Mit der Kriminalität hatten sie damals Mitte der Neunziger ziemlich rasch Schluss gemacht. Die Unterweltbosse und Mafiosi waren einer nach dem anderen von allein verschwunden. Die, die übrig blieben, verhielten sich dann still und tauchten ab. Der Batka beseitigte alle, die ihm seine Macht streitig machten. In den Neunzigern waren die Mafiagruppen auch eine Macht.

Dann kamen aber plötzlich politische Gegner dran. Sacharenka, Krassoŭski, Hantschar, Sawadski. Der beliebte Politiker Henads Karpenka kam unter ungeklärten Umständen ums Leben. Nachdem der perfekte Mord an den Kriminellen ausprobiert worden war, konnten jetzt die echten »Volksfeinde« erledigt werden. Und damit die Ausführenden weiter glauben, dass sie Verbrecher beseitigen, wurde ihnen weiter das Hirn gewaschen und diese Pistole aus dem Safe geholt.

Nach den Fragen zu urteilen, die die »Sturmhauben« ihren Opfern stellten, waren sie tatsächlich davon überzeugt, dass sie es mit Staatsfeinden zu tun haben: »Was zahlen sie euch?« »Wer ist euer Auftraggeber?« Es waren Zombies mit plattgewalztem Hirn. Verblendung allein kann es aber auch nicht erklären.

Ich erinnere mich an die Proteste in den Neunzigern. Damals wurden wir auch geschlagen, aber nicht so bestialisch. Damals gab es noch keine »Sturmhauben«, sondern einfach den OMON, der immer hart auftrat. Aber Massenfolter, das gab es nicht.

Für die Todesschwadronen wurden einige wenige besonders Getreue ausgewählt. Die heutigen »Sturmhauben« kamen zu dieser Zeit zur Welt, gingen in den Kindergarten oder in die Grundschule. Diejenigen, die in den Neunzigern Demonstranten auseinandertrieben, waren in der Sowjetunion aufgewachsen. Sie waren späte Waisen der UdSSR und hatten deren letzte Lektionen gut gelernt. Ende der Achtziger, in den Jahren der Perestroika, waren sie alle mit Anti-Gulag geimpft worden, wenn auch nur mit einer kleinen Dosis.

Sie waren auch weiter sowjetische »Bullen«, aber jeder von ihnen hatte im Unterbewusstsein gespeichert, dass im Gulag nicht nur die Volksfeinde umkamen, sondern auch die Henker. Dieses Fließband des Todes machte keinen Unterschied zwischen Feinden und Freunden. Jeder Henker konnte sich schon bald im eigenen Kot und Blut wälzen, zu Füßen seines Nachfolgers, den er um Gnade anwinselte. Doch auch dieser frische, rotbäckige Jüngling würde sich seiner Macht nicht lange erfreuen. Hinter der Tür wartete bereits seine Ablösung, die ihm mit tumber Freude und großem Eifer ein Stuhlbein in den Anus trieb. Fast alle Henker Stalins sind selbst im Gulag umgekommen. Davongekommen sind nur diejenigen, die noch nicht an der Reihe waren, als der »Vater aller Völker« starb.

In den Neunzigern hatten alle – von den Oberpolizisten an der Polizeihochschule bis zu den einfachen Streifenbullen und heruntergekommensten Greifern – ausreichend Selbsterhaltungstrieb und wussten, dass man die Geister des Gulag nicht aus dem Grab rufen darf. Die Jünglinge von heute hatten hingegen keine solche Impfung mehr erhalten. Die »Sturmhauben« waren genauso alt wie Sein Regime. Der Batka hatte sie nicht nur nach seinem Angesicht geschaffen, sondern sie auch so erzogen, dass sie von dem Terror der alten Zeit nichts mehr wussten. Sie sind jung, zynisch, frei von Verstand und Erinnerung. Im Laufe von 26 Jahren hat er perfektes Material für seine Unterdrückungsmaschinerie geschaffen.

Vor allem war der Gulag nicht verschwunden. Er war nie wirklich verurteilt, mit einem Bannfluch belegt, für alle Zeiten verfemt und als Geschöpf des Teufels jenseits der Friedhofsmauer begraben worden. Er wurde einfach nur in eine Decke des Vergessens gehüllt. Der Batka hat diese Decke weggerissen.

Der Repressionsapparat, sein blutrünstigster Teil, war nur auf Pause gestellt worden. Alles Übrige – die Strafkolonien, die Regeln und Gesetze des Gefängnisses, die elenden Arrestknäste, der viehische Umgang mit den Gefangenen – all das war aus der Stalinzeit herübergeschwommen. In den Verhörzimmern hingen immer noch die Porträts der berüchtigtsten Henker, und die Straßen waren nach ihnen benannt. Auf Pause war nur das Allerschlimmste gestellt: die Konzentrationslager, die Erschießungen und die Folter.

Man musste nur den Schalter umlegen, und das alte, rostige Fließband des Terrors lief wieder an.

□■□

Um die Mittagszeit wurde Alexander Tarajkoŭski beerdigt. Er war das erste Todesopfer der Proteste. Einen Tag zuvor hatte Associated Press ein Foto veröffentlicht. Es zeigte eindeutig, dass Tarajkoŭski erschossen worden war. Am Samstag verbreitete sich ein Video wie ein Lauffeuer. Dort war zu sehen, wie ein unbewaffneter Mann vor einer Reihe grün gekleideter »Sturmhauben« steht. Dann ein Blitz, Alexander greift sich an den Bauch, auf seinem weißen T-Shirt erscheint Blut, er fällt zu Boden. Die ganze Woche hatte das Regime gelogen. Das Regime hatte Angst davor zuzugeben, dass seine Schergen einfach einen Unbewaffneten aus nächster Nähe erschossen haben.

Mehrmals ließ das Regime nachts die improvisierte Gedenkstätte abräumen, die immer wieder neu an der Stelle an der Puschkinskaja errichtet wurde, wo Alexander ermordet worden war. Am Tag der Beerdigung lag hier ein riesiger Berg Blumen. Immer neue Menschen kamen, verbeugten sich und entzündeten Kerzen. Es war ein Heldenbegräbnis. Nur wenigen war in den vergangenen Jahren eine solche Ehre erwiesen worden. Nach der Beerdigung fand an der Puschkinskaja unter weiß-rot-weißen Fahnen eine Trauerkundgebung statt. Mehrere Zehntausend Menschen nahmen daran teil.

Am Samstag gingen die Protestveranstaltungen und Demonstrationen im ganzen Land weiter. Je mehr über die Gewalt der vergangenen Tage bekannt wurde, desto stärker wuchs die Empörung der Bevölkerung. Der Zorn trieb die Menschen auf die Straße. Immer größer wurden die Protestzüge im ganzen Land.

In Brest zogen Zwanzigtausend durch die Stadt. Ebenso im Wizebsk und Hrodna. In Minsk zeigten Künstler vor dem Kunstpalast die »Regimekunst«: Sie hielten Plakate mit Fotos der geschundenen Menschen hoch, über die die »Sturmhauben« hergefallen waren. Gegen Abend fand eine mehrstündige Versammlung neben dem Gebäude des staatlichen Rundfunks statt. Die Journalisten der Staatssender wollten nicht mehr lügen. Sie wollten dem Volk die Wahrheit sagen.

Überall im Land wurden Fahnen in den historischen Farben Weiß-Rot-Weiß an öffentlichen Gebäuden, Theatern und Wohnhäusern aufgehängt. Es schien, als sei das Regime bereits gestürzt oder zumindest kurz davor.

Es versteckte sich und hatte alle »Sturmhauben«

abgezogen. Das wilde Tier, das einige Tage in der Stadt gewütet hatte, war in seine Höhle zurückgekrochen und dort verstummt.

☐■☐

Im Lauf des Tages rief der Batka den Starzen an. Die schlimmsten Prognosen bestätigten sich. Der Kreml hatte ihn in die Ecke getrieben und nun bereitete er seine Kapitulation vor. Erste Anzeichen hatte es bereits am Vortag gegeben. Die 32 verhafteten Typen aus der Wagner-Gruppe waren ohne Bedingungen an Russland übergeben worden. Das staatliche Fernsehen nannte sie schon nicht mehr Kämpfer, die Massenunruhen anzetteln sollten, sondern »inhaftierte Russen«.

Der Plan des Kreml ging auf. Der Batka zappelte und machte einen Fehler nach dem anderen. Europa hatte sich die ganze Woche erstaunlich zurückhaltend gegeben. Keine scharfen Verurteilungen und unumkehrbaren Entscheidungen. Man verstand den Plan des Kreml und ließ dem Batka ein offenes Türchen und Handlungsspielraum. Noch am Donnerstag hatten die europäischen Nachbarn, Polen und die baltischen Staaten, ihre Vermittlung zur Beilegung der Krise angeboten. Doch am Freitag wurde der Europaabgeordnete und Vorsitzende der Delegation für die Beziehungen zu Belarus, Robert Biedroń, ohne Angabe von Gründen nicht ins Land gelassen – eine klare Antwort des Batka auf die europäischen Angebote. Offensichtlich hatte der Batka schon begriffen, dass ihm, nach dem Terror der letzten Tage, der Weg nach Westen versperrt war. Es sei denn, er würde sich auf eine Kapitulation zu europäischen Bedingungen einlassen. Aber das wäre für ihn noch schlimmer.

Sosehr er seinen »besten Freund« hasste, wusste er doch, dass er mit ihm einen Deal machen konnte. Diktatoren stellen ihr Klasseninteresse über die persönliche Antipathie. Am Samstag erklärte der Batka überraschend, er werde die Truppen des Landes an die Westgrenze verlegen. Abends zeigten sie im Staatsfernsehen, wie er die Stationierung einer Luftlandebrigade aus Wizebsk in Hrodna anordnet. Es war Wahnsinn. Er schickte Truppen aus dem Osten, wo große Gefahr drohte, nach Westen, wo ganz gewiss keine Gefahr bestand. Doch der Wahnsinn hatte Methode. Der Batka vollzog eine radikale geopolitische Wende. Er arbeitete wie wild an den Joysticks, um seine Panzerchen Richtung NATO zu lenken.

Vor den Wahlen hatte der Batka immer wieder erklärt, dass die größte Gefahr aus dem Osten drohe. Anfang August erschien in der russischen Presse eine Nachricht, dass Belarus Truppen an die Grenze zu Russland verlegt. Die Nowaja Gaseta stellte sogar ein Video ins Internet, auf dem eine Kolonne gepanzerter Wagen in Richtung Osten fährt. Minsk wies das nicht zurück, sondern erklärte nur, es handele sich um planmäßige Übungen. Ganz zufällig hatte der Staatssekretär des Sicherheitsrats (Andrej Raŭkoŭ) auf einer Sondersitzung des Zentralexekutivkomitees am 30. Juli unmittelbar nach der Verhaftung der Wagner-Typen erklärt, dass in Russland nahe der Grenze zwei Gruppen mit Söldnern bereitstünden, um nach Belarus einzufallen.

Der Batka hatte Angst vor einem Einmarsch und beschuldigte Russland unverhohlen, dergleichen vorzubereiten. Wahrscheinlich schloss Moskau das tatsächlich nicht aus. Vermutlich war es nicht Plan A, aber einige Kräfte zog man schon an der Grenze zusammen, um sie bei Bedarf einsetzen zu können. Offiziell war ebenfalls von »Übungen« die Rede.

Nun, da der Batka eine solch krachende Niederlage erlebte, musste er rasch neue Feinde finden. Er warf sich dem Kreml vor die Füße, scharwenzelte herum, versuchte ihm zu gefallen und gab jetzt natürlich dem Westen an allem die Schuld. Doch dort war niemand auch nur im Traum auf die Idee gekommen, Belarus zu überfallen.

□■□

Im Jahr 2013, ein Jahr vor der Krim-Annexion, hatte ich in Moskau zu tun. Ich war lange nicht dort gewesen und wollte mir daher auch das Bild anschauen, das der Starze in den Jahren zuvor gemalt hatte, sein *Schwarzes Quadrat* des neuen Russlands, das Herzstück seines Triptychons *Größe*.

Das riesige Werk, das mich auf dem Roten Platz empfing, war tausendfach größer als das Original. Ich erkannte auf den ersten Blick, dass das Quadrat wie bei Malewitsch nicht absolut schwarz ist. Auf dem Bild befanden sich zahlreiche Erhebungen und Nuancen, es war von einem Krakelee überzogen. Nachdem ich sechzig Schritte an dem Gemälde entlanggelaufen war, begriff ich, dass auf der Leinwand doch etwas Gegenständliches zu sehen war. Ich trat so weit zurück, wie es der Rote Platz erlaubt, presste mich mit dem Rücken an das Mausoleum, und schaute noch einmal. Vielleicht hätte jemand anderes nichts bemerkt, aber der Blick des Künstlers ist schärfer und erkennt sogar dort etwas, wo scheinbar nichts ist. Ich sah genau, was auf dem Bild dargestellt war.

Kuppeln. Schwarze Kuppeln mit Kreuzen, die gleiche Form wie bei der Basilius-Kathedrale, die rechts von mir auf dem Roten Platz stand. Ich betrachtete das Gemälde weiter aufmerksam, versuchte Details zu erkennen, bis ich bemerkte, dass um die Kuppeln herum kein Himmel war, sondern etwas Flaumiges – wie Fell. Ich trat näher heran. Und da ging mir auf: Das waren Haare. Die Kuppeln waren von dunklen Löckchen umgeben.

Die Phantasie des Malers mutete sonderbar an, aber sie interessierte mich. Um weitere Details auszumachen, ging ich wieder an dem Bild entlang, und plötzlich merkte ich, dass die Haare aufgehört hatten. Konturen tauchten auf, dann so etwas wie ein Baum, offenbar eine Fichte, dann ein vertikaler Streifen und …

Ich verstand. Das war ein Torso. Der gigantische Torso eines Mannes mit behaarter Brust und einer riesigen Tätowierung in der Mitte. Der nackte Mann mit der Basilius-Kathedrale auf der Brust wuchs direkt aus der Erde. Die Ausmaße des Bildes legten nahe, dass irgendwo dort oben sein Kopf sein musste.

Ich ging wieder zurück zum Mausoleum, versuchte den Kopf zu erkennen, aber der Rote Platz war zu klein. Ich sah die Konturen des Kopfes, aber wem er gehörte, blieb im Dunkeln. Nochmals trat ich näher an das Bild heran und betrachtete es von oben bis unten. Irgendwo dort oben, 70 Meter über dem Roten Platz, war das Relief einer Nase zu sehen, wie bei den Statuen auf den Osterinseln.

Natürlich! Plötzlich fügte sich alles zusammen. Die Osterinsel-Nase kannte ich nur zu gut. Warum war mir das nicht gleich aufgefallen? Ein Selbstporträt. Selbstporträt in schwarzem Quadrat. Auf dem gigantischen 100 × 100-Meter-Bild wuchs nackt der Starze selbst aus der Erde. Vor dem Hintergrund einer unendlichen nächtlichen Taiga zeigte seine riesenhafte Nase in Richtung des Mausoleums.

Nur eines war mir noch nicht klar: Wozu brauchte er dieses Triptychon? Das *Schwarze Quadrat* des neuen Russlands schien ein vollendetes, sich selbst genügendes Werk zu sein. Dort gab es alles: Einsamkeit, Schmerz, Sehnsucht, Selbstironie, schwarzen Humor, eine dramatische Vergangenheit. Fügt man einen »braunen Ziegelstein« oder eine »gelb-blaue Raute« hinzu, verschwindet die Harmonie. Stattdessen kommt wieder der alte Moskauer Eklektizismus zum Vorschein: der Arbat, die Schokoladenfabrik »Roter Oktober«, die neunstöckigen Siebzigerjahre-Häuser, der Konstruktivismus à la Le Corbusier und die Blattgold-Zwiebeln der winzigen Kirchen – alles in einem Paket.

Doch der Starze brauchte dieses Triptychon namens *Größe*. Dafür war er bereit, alles zu opfern: den gesunden Menschenverstand, die Harmonie, die Selbstironie, das Gewissen, die Ehre, das Leben – sein eigenes und das anderer.

□■□

Bei all den Plänen des Kreml konnte man nie genau wissen, was eigentlich dahintersteckte. Man konnte nur mutmaßen und ahnen. Vielleicht deshalb, weil der Kreml bis zur letzten Minute selbst nicht genau wusste, was passieren sollte, und immer mehrere Szenarien in petto hatte? Welches sich erfüllte, wusste keiner vorab. All die schicksalsträchtigen Entscheidungen der vergangenen Jahre beruhten auf Improvisation. Es gab einen Plan A, aber auch einen Plan B, und am Ende wurde rasch ein Plan E zusammengezimmert.

Die politische Kremlküche ist ein besonderes Abenteuerspiel. Um das Rätsel zu lösen oder Vorhersagen zu machen, muss man durch ein kompliziertes Labyrinth von Intrigen hindurch, unzählige Gerüchte, Anspielungen, unbeabsichtigte und gezielte Leaks, Analysen, logische Ableitungen und irrationale Bedeutungen scannen. Es ist eine okkulte Wissenschaft, mit der unzählige politische Magier, Scharlatane und Experten befasst sind. Die Nachfrage nach ihren Diensten ist riesig, da alle das Ausmaß der Gefahr einschätzen wollen.

Je näher ein Kartenleser im Kreml-Tarot der Machtspitze steht, desto größer ist die Wahrscheinlichkeit, dass seine Prognose eintritt. Wer auf den Fluren der Macht zu Hause ist, hat immer die Möglichkeit, etwas zu erschnuppern, eine Insider-Information zu ergattern, ein Wort oder einen Freud'schen Versprecher zu erhaschen. Oft wird solchen Experten eine Information gezielt gesteckt. Geplante Leaks sind ein zentrales Element der Kremlintrigen, vor allem in den Kämpfen der verfeindeten Cliquen.

Das Auftauchen der Kartenleser ist eine unausweichliche Folge der Intransparenz. Seit vielen Jahren ist weder das Moskauer noch das Minsker Regime irgendwem Rechenschaft schuldig. Viele folgenschwere Entscheidungen werden auf dem Flur getroffen. Als der Starze und der Batka 2019 hart miteinander um eine Roadmap für die Integration rangen, hatten weder die Presse noch die Öffentlichkeit gesicherte Informationen, was genau sie vereinbaren würden. Erst viel später, als der Plan A des Kreml flöten ging, kam heraus, dass sie sich besonders bei »Karte 31« verbissen hatten, in der es um eine faktische Annexion von Belarus ging.

Nun, da diese Gefahr so real war wie nie zuvor, wurden die Kartenleser erneut aktiv. Eine unendliche Zahl von Analysen schwirrte durchs Internet. Viele schlossen einen offenen militärischen Einmarsch nicht aus. Besonders düstere Prognosen gaben die ukrainischen Experten und Journalisten ab. Für sie war die Annexion von Belarus beschlossene Sache. Doch schon lange ist klar: Je weiter der Prophet vom Kreml weg sitzt, desto geringer die Wahrscheinlichkeit, dass seine Weissagungen eintreten. Das beruhigte mich ein wenig. Die Einschätzungen der belarussischen Experten waren nüchterner, aber nicht weniger apokalyptisch. An einen offenen Einmarsch glaubte kaum einer, aber die meisten waren sich einig, dass der Batka längst so abhängig ist, dass es gar keine Truppen mehr braucht.

Die interessantesten Meinungen kamen aus Moskau selbst, von Leuten, die im Kreml ein und aus gehen. Selbstverständlich widersprachen sie sich diametral. Sie reichten von »Es ist höchste Zeit, dass unsere höflichen Leute dort für Ordnung sorgen« über »Dieser Wichser hat alle verraten« bis zu Begeisterungsstürmen über die belarussische Revolution bei den Experten von Doschd.[4]

Am interessantesten erschien mir aber ein Interview mit dem Polit-Propheten Valeri S., das sich sofort in den sozialen Medien verbreitete. Bereits Anfang 2020 wagte er die Prognose, dass Russland bis Mai eine hybride Operation in Belarus starten werde. Die strategische Aufgabe sei die gleiche wie in der Ukraine: eine geopolitische Revanche, was ja tatsächlich die persönliche Mission und Idée fixe des Kremlstarzen ist. Wenn man den Wahlkampf als diese Operation betrachtet und den Zeitplan ein we-

4 Unabhängiger privater Fernsehkanal – A.d.Ü.

nig korrigiert, ist die Vorhersage tatsächlich eingetreten.

In einem weiteren Interview erklärte der Prophet, das Schicksal des Batka sei besiegelt, er habe noch ein Jahr, um »sauber« zurückzutreten. In Belarus stünde eine Verfassungsänderung bevor, mit der die Macht zwischen Präsident und Parlament geteilt werde. Vor allem aber war er sich sicher, dass es keinen Einmarsch geben werde. Die Falken im Umfeld des Starzen seien eindeutig auf das Verfassungsszenario eingestellt.

Die Entscheidung, keine Truppen nach Belarus zu entsenden, sei dem Kreml nicht leichtgefallen. Entscheidend seien zwei Faktoren gewesen. Der erste: Druck irgendwelcher einflussreicher Spieler von außen. Als zweiten Faktor machte der populäre Prophet eine gewisse Schwäche aus. Der Starze sei gealtert und nicht mehr derselbe wie bei der Annexion der Krim. Wäre er der Alte, hätte er nicht eine Sekunde gezögert. Grüne Männchen, Panzer und Truppentransporter stünden schon bereit. Aber zur Wiederholung des Krimszenarios hätte er sich einfach nicht entschließen können.

Doch die Sorge blieb. Die Gefahr einer hybriden Annexion lag durchaus im Bereich des Wahrscheinlichen. Ein Einmarsch war weiter möglich, wenn auch nur als Notfallplan V, falls die anderen Pläne fehlschlagen sollten. Bei aller verflossenen »Liebe« – der Starze würde den Batka nicht stürzen. Aber zusehen, wie der Batka unter dem Druck des Volkes fiel, würde er auch nicht. Zulassen, dass eine Revolution ihn hinwegfegte, kam nicht in Frage. Die Truppen an der Grenze waren die Garantie, dass das nicht passierte. Sollte plötzlich doch eine prowestliche Kraft die Oberhand gewinnen, kämen die »höflichen Männlein« zum Einsatz. Egal wie herum, Belarus nach Europa ziehen lassen, das kam nicht in Frage.

Zuweilen kam mir ein offener Einmarsch sogar besser vor als ein hybrider Anschluss. Zumindest eindeutiger, ehrlicher. Dann könnte man die Dinge beim Namen nennen: die Aggression Aggression und den Krieg Krieg. Bei einem hybriden Szenario ist die Sache immer viel schwieriger und perverser. Der Feind gibt sich als Freund aus und seine Aggression als Bruderliebe.

Wie genau die Ereignisse sich entwickeln würden, konnte jedoch keiner vorhersehen, selbst die erlesensten Kremlpropheten nicht. Wahrscheinlich kannten sie die Antwort im Kreml selbst noch nicht. Für das, was jetzt im Land passierte, gab es kein fertiges Drehbuch. Plan A ging genauso den Bach runter wie Plan B und Plan C, da in keinem die dritte Kraft vorkam. Als diese die Bühne betrat, waren alle Pläne zunichte oder zu gefährlich. Moskau hatte unterschätzt, wie viel Unzufriedenheit sich angestaut hatte. Man wollte nur den Batka ein bisschen unter Druck setzen, indem man ein Streichholz ins trockene Holz warf. Der Batka wiederum überschätzte die Pläne des Kreml, bereitete sich auf das Schlimmste vor, glaubte, Putins Touristen würden ihn stürzen, und reagierte mit Terror, womit er erst recht Benzin ins lodernde Feuer goss.

Noch erstaunter und schockierter war das Volk selbst. Bis vor kurzem hatte es sich in den schlimmsten Träumen nicht vorstellen können, dass sein »Sozialstaat« plötzlich foltern und die Bürger grundlos auf der Straße zusammenschlagen würde. Die Menschen waren empört und riefen dem Batka zu, er solle endgültig abhauen. Das war nicht einfach ein Schock, das war ein tiefes Trauma. Ein friedliches Zusammenleben war jetzt nicht mehr vorstellbar. Die Gesellschaft zerriss den einstigen Sozialvertrag und forderte einen Wandel.

All das war so extrem und unerwartet für alle, dass überhaupt keine Vorhersagen mehr möglich waren. Es blieb nur zu warten, bis die Waage sich neigt.

Stand Samstagabend konnte man nur sagen, dass niemand mehr irgendetwas unter Kontrolle hatte. Der Batka fürchtete um sein Leben, er begriff, dass die Lage äußerst gefährlich für ihn war. Seine alleinige Macht war gebrochen. Es fehlte nicht mehr viel, und seine Vertikale würde einstürzen. All diese erbärmlichen, mit der Axt behauenen Reliefgesichter würden aus dem Bild kippen, und der Zerfall wäre nicht mehr aufzuhalten. Es musste sofort etwas geschehen.

Um zu zeigen, dass das Volk auf seiner Seite steht, rief der Batka seine Anhänger in der Hauptstadt zusammen. Morgen am Sonntag sollten sie zu einer riesigen Kundgebung nach Minsk kommen. Bereits am Samstag begannen bestellte Busse aus dem ganzen Land Leute in die Stadt zu karren. Um 12 Uhr mittags sollte es losgehen.

Drei Stunden später sollte der Marsch der Regimegegner beginnen. Alle wussten, dass die Zukunft des Landes davon abhhing, wie viele Menschen daran teilnahmen. Würde der Revolution der Durchbruch gelingen? Bröckelte das Regime weiter oder stand es wie ein Monolith und hielt dem Batka die Treue? Senkte sich die Waage zugunsten des Volks? Der Batka hatte die Gefahr erkannt, daher war nicht mehr vorherzusehen, wie er reagieren würde.

Die »Sturmhauben« waren nicht mehr auf der Straße zu sehen, aber weg waren sie nicht. Ein Befehl und sie waren wieder da. Gerät der Künstler in Panik, ist er zu den schlimmsten Dingen in der Lage. Wenn viele Menschen kamen, würde das Regime sie kaum auseinandertreiben können. Doch Provokationen waren immer möglich. Es ging das Gerücht, ein Terroranschlag sei geplant.

Auch der Kreml blickte mit Sorge auf den morgigen Tag. Moskau schwankte, die Entscheidung hing davon ab, was am Sonntag geschehen würde. Erst einmal abwarten und beobachten, an der Grenze standen ja notfalls die Truppen bereit.

Der achte Tag

16. August, Sonntag

Eine Zitadelle werde ich errichten
Ohne Fenster und ohne Türen

Den ganzen Morgen über fuhren in langen Kolonnen Busse in Richtung Minsk – Menschen wurden zu Pro-Batka-Kundgebungen gebracht. Zuvor hatten alle staatlichen Stellen eine Bestellung erhalten. Schulen mussten zwei Personen liefern, andere Einrichtungen ein paar mehr. Den Leuten wurde Urlaub versprochen, Geld und sogar ein Buffet nach der Kundgebung. Einige reisten auch mit Sonderzügen an. Auf die Bahnsteige strömte die letzte Garde des Batka: wortkarge Menschen, gekleidet à la »Born in the USSR«, die den Journalisten auf Nachfrage erklärten, sie seien aus eigenem Antrieb angereist.

Die heilige Gelbe Stadt im Zentrum war zu diesem Zeitpunkt bereits vollständig abgeriegelt. Die Sonnenstadt machte an diesem Morgen ihrem Namen alle Ehre. Unbarmherzig überflutete die Augustsonne ihre riesigen menschenleeren Plätze. Die gigantische Kulisse der Stalinarchitektur, die für kommunistische Feste, Triumphmärsche und Paraden geschaffen worden war, wartete auf den Beginn des nächsten Akts.

Dabei war niemandem nach Feiern zumute. In der heißen Augustluft hing die Angst. Gegen zehn Uhr fuhr eine Kolonne Militärfahrzeuge über den Prospekt der Partisanen in Richtung Gelbe Stadt. Aus der anderen Richtung kam ihr eine lange Schlange von Gefangenentransportern und grünen Bussen voller Maskierter entgegen. In den Straßen und Hinterhöfen rund um den Platz der Weisheit (der Unabhängigkeit) hatten sich in großer Zahl Gestalten in Zivil verteilt.

Gegen 11 Uhr fuhren dort Mähdrescher und Traktoren vor. Offenbar sollte dem Batka geschmeichelt werden. Wie jeder Diktator aus dem Volk hatte er eine Schwäche für Paraden. Bei uns gab es zwei Arten: Militärparaden, zu denen Er die Uniform des Generalissimus anlegte, und Agrarparaden, bei denen Er den fürsorglichen Patriarchen, den umtriebigen Vorsitzenden der belarussischen Kolchose gab. Heute wollte der Batka zum Volk sprechen, also stand das Thema Kolchosvorsitzender auf dem Programm.

Auch gegen zwölf Uhr war noch fast niemand da, dem man mit den Mähdreschern imponieren konnte. Ein paar versprengte Grüppchen zogen mit rotgrünen Fahnen über den riesigen Platz. Es sah aus, als wäre ein Handvoll Erbsen über einen Tisch verstreut worden. Zugegeben, auf Telegram konnte man eine träge Kolonne weiterer Batka-Anhänger sehen, die sich über die Maskoŭskaja wälzte. Aus der Polizeiakademie an der Kreuzung Mascheraŭ-Prospekt/ Prospekt der Unabhängigkeit kam zudem eine Kolonne von Kadetten in Zivil.

Zu dieser Zeit hatte im Dorf Kaszjukoŭka bei Homel bereits die Beerdigung von Alexander Wichor begonnen, dem zweiten Teilnehmer der Proteste, den die Maskierten auf dem Gewissen hatten. Bei der Trauerfeier für den 25-Jährigen erzählte ein anderer Demonstrant, der ebenfalls am 9. August festgenommen und kurz vor Wichors Tod im gleichen Gefangenentransporter mit ihm ins Untersuchungsgefängnis gebracht worden war:

»Er war total in Panik, schwitzte, flehte immer wieder nach einem Arzt, aber keiner kümmerte sich um ihn. Als sie uns aus dem Gericht ins Untersuchungsgefängnis fuhren, ging es ihm immer schlechter. Er wimmerte um Hilfe, rief nach seiner Mutter und seinem Vater. Da sprühte ihm ein Milizionär oder was das für einer war, ein Begleitpolizist oder ein Aufseher, Pfefferspray ins Gesicht. Wir wurden rausgeführt und er blieb in dem Transporter liegen. Ich habe nur gehört, wie sie gefragt haben: ›Und was passiert mit dem?‹ Zur Antwort haben sie bekommen: ›Soll er doch verrecken.‹«

Gegen 13 Uhr hatte sich auf dem Platz noch immer kaum etwas verändert. Es waren Menschen mit rot-grünen Fahnen da, insgesamt nur wenige Tausend. Der Plan drohte zu scheitern. Obwohl der Staat seine schier unerschöpflichen Mittel eingesetzt, mit Versprechungen, Geschenken und Drohungen gearbeitet und den Transport organisiert hatte, konnten die Behörden nicht einmal Zehntausend Leute aus dem ganzen Land zusammenbringen.

Einige Zeit später wurde auf dem Platz eine Tribüne aufgebaut, und die Kundgebung begann. Neu war, dass jeder ans Mikrofon treten konnte. Selbstverständlich war das inszeniert. Keine spontane Improvisation ist in Belarus so gut wie jene, die vorher geprobt und von den Behörden zugelassen worden ist. Der Zweck dieses Vorprogramms war es, vor den Kulissen der Traktoren und Mähdrescher Demokratie zu simulieren. Die Botschaft lautete: Das Volk ist für den Zaren. Alle warteten darauf, dass dieser die Bühne betrat.

Gegen 14 Uhr war es so weit. Er hatte sich bescheiden gekleidet, ohne Pathos: weißes Hemd, keine Krawatte, dazu eine einfache schwarze Hose. In diesem Aufzug sah er gar nicht wie ein Zar aus, eher wie ein gewöhnlicher Rentner mit deutlich sichtbarem Bäuchlein. Als sei er gerade vor ein paar Minuten aus seinem Datschengrundstück gekommen, um im Dorfladen eine Packung Kefir zu kaufen. Es war ein heißer Tag, daher wischte er sich, es sollte ihn wohl überzeugender wirken lassen, immer wieder mit einem weißen Taschentuch den Schweiß von der Stirn. Vermutlich war die Choreografie dieses Stücks über die Verwandlung des Zaren in einen Rentner bis ins Detail geplant. Nur das mit dem Alter war verunglückt. Er sollte nicht wie ein Rentner aussehen, sondern wie ein Mann in seinen besten Jahren, einer aus dem Volk, so wie alle auf dem Platz. Doch der »Mann aus dem Volk« war in den 26 Jahren an der Macht so erschlafft und gleichzeitig von seiner Allmacht so aufgebläht, dass es sich nicht mehr verbergen ließ. Egal, welches Hemd er anzog, er sah darin immer wie ein Oberstleutnant im Ruhestand aus. Er konnte ein noch so trauriges Gesicht aufsetzen – trotzdem wirkte er wie einer, dem das Anschreien und Befehlen zur Natur geworden ist.

Um die Volksnähe zu unterstreichen, war neben dem riesigen Sockel des Lenindenkmals nur eine kleine Tribüne aufgebaut worden. Es wirkte ein wenig komisch. Die Tribüne des »Mannes aus dem Volk« war eine Miniaturkopie des Podests, auf dem Lenin stand. Als der Batka ans Mikrofon trat, erstarrten seine in einfache Bauernhosen gekleideten Beine in der gleichen Pose, die der Führer der Proletarier aller Länder eingenommen hatte. Als er sprach, kopierten seine Gesten, seine Körperhaltung, die Bewegungen seiner Arme aufs Genauste die des Metallgenossen über ihm. Zu Füßen des gigantischen »unsterblichen« Bronze-Lenin wendete sich eine zehnfach verkleinerte Replik an das Volk.

Er begann mit Worten des Danks an alle, die gekommen waren, ihn zu unterstützen, zählte die wichtigsten Regionen des Landes auf und versuchte, jeder von ihnen ein paar warme Worte zu widmen. Am wenigsten bekamen die beiden schwierigsten ab, das Gebiet Hrodna, wo man ihn schon immer weniger als anderswo geliebt hatte, und die Hauptstadt Minsk, die ebenfalls normalerweise nicht an seiner Seite stand. Die Verachtung für Minsk beruhte auf Gegenseitigkeit. Der Batka hatte sich hier stets fremd gefühlt. Den Bauernjungen, der nur ein mittelmäßiger Schüler gewesen war und die Schule nicht abgeschlossen hatte, holten seine Komplexe ein, wann immer er in die Gesellschaft gebildeter Snobs aus der Stadt geriet.

Das Wichtigste im ersten Teil der Rede des kleinen Führers war allerdings der Refrain. Zu Füßen des großen Führers rief er immer wieder: »Spassibo…, spassi-bo, spassi-bo«. Danke, danke, danke! Es klang, als rufe er um Hilfe: »Spassi-te, spassi-te, spassi-te«. Rettet mich, ihr Leute aus Wizebsk! Rette mich, Volk von Homel! Rettet mich, all meine Landsleut! Als müsse er sicherstellen, dass niemand auf die Idee kommt, diese Leute seien seinetwegen hergerufen worden, erklärte er anschließend, sie seien hier, um die Unabhängigkeit des Landes zu verteidigen. Tatsächlich war das Gegenteil der Fall. Wie so oft waren seine Reden ein Negativ des echten Bildes. In 26 Jahren hatte ich unfreiwillig viele seiner Reden gehört und wusste, dass grün rot bedeutete und Frieden Krieg und Liebe mit großer Wahrscheinlichkeit Hass.

Auch heute war dies der Fall. Er sprach von Unabhängigkeit – und hatte einen Tag zuvor mit dem Starzen am Telefon über die Entsendung russischer Truppen nach Belarus gesprochen. Er hatte einen Handel angeboten, in dem er die Unabhängigkeit des Landes für die Erhaltung seines Throns hergeben wollte. Nun, da der Thron wankte, rief er das Volk herbei, auf dass es ihn rette. Daher auch diese winzige Tribüne zu Füßen des großen heidnischen Halbgottes: Er wollte als einer von ihnen erscheinen, einer aus dem Volk, der diesem ganz eng verbunden ist. Seltsam hätte sein Flehen um Hilfe geklungen, wäre es vom Thron eines Zaren herab erklungen, der sich über den Platz und die Menschenmasse erhebt. Doch auch hier mangelte es nicht an unbeabsichtigter Symbolik: Der kleine »Batka« wirkte vor der Kulisse des gigantischen Schöpfers des sowjetischen Imperiums wie dessen Emanation, ein Miniaturnachfolger, der das Werk in einem kleinen, gewaltsam aus dem Ganzen gerissenen Trümmerteil fortsetzt.

Gleich nach der Einleitung sprach Er dann auch tatsächlich davon, wie das Land zu Beginn seiner Herrschaft ausgesehen habe: »Wir erhielten einen blutigen Brocken des Imperiums«, des riesigen Großen Imperiums, ohne das nicht ein einziges Problem gelöst werden konnte. Dann sprach der Batka über die neunziger Jahre, über die Ursprünge. Es wirkte wie die Beichte eines zu Tode erschöpften »Künstlers«, der seinem Werk das ganze Leben gewidmet hat, der ehrlich daran geglaubt, sich ihm ganz und gar hingegeben, sechs Tage und sechs Nächte diese von seiner Hand geschaffene Welt geformt hat und nun erleben muss, wie dieses Werk am siebten Tag, als endlich die Zeit der Ruhe und der zufriedenen Rückschau auf die erfüllte Pflicht gekommen ist, plötzlich aufsteht und erklärt: »Ich bin dann mal weg.«

Warum hatte dieses niederträchtige Geschöpf ihm

diesen grünen Apfel untergeschoben, ihn verführt, verleugnet, sich gegen ihn erhoben, wo es doch so gehorsame und einfache Menschen waren, die er wie Ton geknetet und nach seinem Bild und Gleichnis geschaffen hatte? In diesem Teil der Rede war er nicht der Batka, er war der Messias. Was wolltet ihr in den Neunzigern? Ihr habt um ein Stück Brot gebettelt. Ich habe es euch gegeben! Ihr habt euch einen Traktor und einen Mähdrescher gewünscht, und ich habe sie euch gegeben! Ihr habt gefleht, die Fabriken nicht den Kapitalisten auszuliefern, den Kolchosen kein Land zu nehmen, ihr habt gebeten, dass Universitäten und Krankenhäuser kostenlos bleiben, und ich habe Euch alles, alles, alles erfüllt!

Die Rede wurde immer emotionaler und flammender. Jetzt glaubte er wirklich aufrichtig, dass er der Messias war. Eigentlich hatte er es vom ersten Tag seines Aufstiegs an immer geglaubt, es hatte ihm Kraft gegeben, sein Werk trotz aller Widrigkeiten zu vollenden, ungeachtet all der Neider und Feinde, ganz so, wie er es für einzig richtig hielt. Es so zu gestalten, wie es ein einfacher Junge aus dem Dorf mit abgebrochener Schullaufbahn eben tut. Sei's drum. Er mochte die Klugen und Gebildeten nicht und umgab sich schon immer lieber mit den Mittelmäßigen und Grauen. Aber er war ein Gott aus dem Volk. Und das Volk liebte ihn dafür. Und es vergab ihm.

241

Es vergab ihm, dass sein Werk erbärmlich geriet. Die Städte sauber, aber tot. Die Dörfer mit Traktoren, aber ohne Einwohner. Gute Traktoren, aber überflüssig. Von Zeit zu Zeit machte der Batka sich persönlich in ein Entwicklungsland auf und überredete die Leute dort, einen zu kaufen. Die Kolchosen hatten zwar noch Land, waren aber größtenteils bankrott und bettelten jedes Jahr um Zuschüsse aus dem Staatshaushalt. Die Fabriken arbeiteten, aber nicht um Gewinn zu machen, sondern um das riesige Heer von Menschen zu ernähren, deren Arbeit nicht mehr gebraucht wurde, jene »herrschende« revolutionäre Klasse, die Er von der Sowjetunion geerbt hatte und die nun nichts mehr zu verlieren hatte außer ihrem »Arbeitsvertrag« und ihren Ketten.

Das kostenlose Gesundheitssystem hatte sehr wohl Kosten. Die hochqualifizierten, aber unterbezahlten Ärzte flohen in Scharen gen Westen. Dafür erlebte das Bildungssystem neue Höhenflüge. Es hatte sich perfekt darauf ausgerichtet, mittelmäßige, graubraune Menschen zu formen. Perfekte Gestalten für sein Werk. Wer sich mit dieser Rolle nicht zufriedengab, der ging ebenfalls.

Die graubraunen Menschen waren das Bollwerk und die Krone seiner Schöpfung. Auf sie konnte er wirklich stolz sein. Sie hatte er nicht nach Auflösung der Sowjetunion kostenlos mitgeliefert bekommen. Er hatte sie selbst geformt mit seinen kräftigen Männerhänden. Zwar hatte er sie nicht aus der eigenen Rippe erschaffen, sondern aus grauem Sowjetzement, braunem Kolchosdung und Straßenstaub von der Front. Aber sie waren sein Werk: Er hauchte ihnen Gagarins Botschaft aus den Sechzigern und ein bisschen Stagnationsgeist aus den Siebzigern ein, fügte Veteranenerinnerungen an den letzten Krieg hinzu, kleidete sie in die Mode der Achtziger, mischte zwei Unzen erlesenen Moskauer Pop hinein, goss einen halben Liter Schiguli-Bier dazu, streute eine Prise Eishockey in die Köpfe und drückte ihnen ein Stamperl und ein Stück Speck Hand.

Er liebte solche graubraunen Menschen. Sie waren das Fundament seiner Macht. Er hätte sie am liebsten aus der UdSSR hierher transferiert und ihnen ewiges Leben eingehaucht. Schließlich waren sie es, die dort Geborenen, die ihn in den frühen Neunzigern gewählt hatten, weil er versprach, die alte Zeit zurückzubringen. Und Er gab sein Bestes, das Rad der Geschichte zurückzudrehen. Doch leider ließ sich dieses Rad kaum bewegen, es ächzte und knarrte, und der Sowjetmensch erwies sich als sterblich. Eine Generation verschwand, und er spürte, wie das Fundament seiner Macht bröckelte. Noch ein paar Jahre und es bliebe nur noch ein Fleckchen Land, auf dem er kein Bein mehr auf die Erde kriegen würde. Das durfte Er nicht zulassen. Er musste einen eigenen Sowjetmenschen schaffen. Den Sowjetmenschen 2.0.

Und das tat er. Der Batka schuf die Jabatki.[5] Diese schwarz gekleideten Gestalten, die durch die Straßen zogen und Leute verprügelten, waren seine Geschöpfe, geschaffen aus Fleisch von seinem Fleisch. Die besten seiner graubraunen Kreaturen. Nicht irgendwelche Rentner, die in der Sowjetunion geboren waren, sondern junge, gesunde, schlichte Kerle, genau der Typus, der Befehle befolgt und nicht fragt, wozu alle diese eierköpfigen Intelligenzler – Hipster, IT-Leute und Studenten – verprügelt werden.

Er schuf graubraune Menschen und baute aus ihnen seine Vertikale der Macht. Die etwas Gröberen schickte Er nach unten – zum Straßenkehren, zum Übermalen von Schmierereien, damit die Stadt immer sauber war. Den Einfältigen und Rücksichtslosen setzte Er Sturmhauben auf und ließ sie dienen. Die Kriecher und Speichellecker machte Er zu Beamten jedweden Ranges. Die besonders Braunen un-

---

5 Als »Jabatka« werden in Belarus abfällig Anhänger von Lukaschenka bezeichnet. Das Wort schreibt ihnen zum einen zu, dass sie sich mit diesem identifizieren, »Ja – Batka« bedeutet: »Ich bin der Batka«. Vor allem steckt in dem Wort aber für jeden Belarussen sofort erkennbar das Verb »jabat«, eines der drei Schlüsselwörter des slawischen Vulgärlexikons, so dass Jabatki mit »Lukaschenka-Wichser« übersetzt werden könnte – A. d. Ü.

ter den Graubraunen wählte er für seine »Elite«. Für mehr als zwei Jahrzehnte zementierten diese braunen Menschen seine Macht. Der Staat wurde zu einem hässlichen, verknöcherten Monstrum, das jede Form von Leben erstickte. Alle möglichen Kommissionen, Ministerien und Kontrollorgane saßen wie Schmarotzer auf dem Körper der Gesellschaft. Das Informationsministerium kontrollierte und unterdrückte die freie Presse. Das Ministerium für Kultur sorgte dafür, dass, Gott bewahre, nichts Interessantes und Modernes in der Kultur entstand. Das Bildungsministerium hatte die Aufgabe, mit den guten alten sowjetischen Methoden zu verhindern, dass an den Schulen Belarussisch gelernt wird. Ausnahmen wurden nur für jene Ministerien gemacht, in denen es tatsächlich etwas zu tun gab. Das Außenministerium etwa, wo nur die Allerfähigsten eingestellt wurden, jene, die sich virtuos verstellen und der ganzen Welt erklären konnten, wie die Eskapaden, Macken und Grimassen des Batka zu verstehen sind. Oder das Finanzministerium. Auch dort waren kluge Leute gefragt, denn Geld ist etwas Objektives, es beugt sich keiner Ideologie und keiner Beschwörung durch einen Schamanen.

Was immer in all den Jahren in Belarus an Modernem, Interessantem und Lebendigem entstand, erblickte das Licht der Welt nicht dank des Staats, sondern trotz der von ihm errichteten Hindernisse. Die Kultur, die der Staat schuf, war tot, ein Leichnam, der seit sowjetischen Zeiten auf diesem Flecken Land herumlag und nicht beerdigt worden war. Stattdessen wurde er jeden Tag aufs Neue geschminkt: ein bisschen Rouge auf die Wangen, Puder auf die bläuliche Nase. Dann noch ein neues Kostüm und vor allem viel Geld vom Staat, um den Leichengeruch zu überdecken.

Einmal im Jahr, zum »Slawischen Basar«, den der Batka zum wichtigsten Tag der Kultur erklärt hatte, trat diese Leiche, von der Staub, Glitzer und Puder abbröckelten, auf die Bühne. Der Batka mochte diese Tänze der ausgetrockneten sowjetischen Mumien, ewig junge Rentner in bunten Karnevalskostümen mit angeklebten Locken über den kahlen Stellen und gefärbten Bärten, als stünde dort die Jugend des Landes.

Die riesigen Summen, die der Staat zur Rettung ganzer Industriezweige ausgab, versandeten meist. Eine Milliarde Dollar für die Modernisierung der holzverarbeitenden Industrie, und danach war sie immer noch unwirtschaftlich. Eine weitere Milliarde in die Zementindustrie, aber auch diese schrieb weiter Verluste, und der Zement war plötzlich teurer als bei den Nachbarn.

Das Einzige, was ihm wirklich gelang, war Eishockey. Genauer gesagt: Eishockeystadien. Denn egal wie viel Geld er in den Sport steckte, selbst die beste Mannschaft dümpelte nur irgendwo im Niemandsland der eurasischen Liga herum. Aber Stadien, die waren sein Hobby, sein Lieblingsspielzeug. Wie es sich für einen Halbgott gehört, schuf er sie mit einem kleinen Wink seiner Hand an jedem Ort, auf den sein herrschaftlicher Blick gefallen war.

Und natürlich die Sache mit den Banden. Er liebte es, darauf zu verweisen, dass er Schluss gemacht hatte mit ihnen. Auch heute versäumte er nicht, davon zu erzählen. Allein in Minsk hätte es zweiunddreißig gegeben. »Kriminelle, die über die Menschen herfielen und ihnen ihr letztes Geld raubten.« Hier log er nicht. Die Banditen, die in den frühen neunziger Jahren Fernfahrer und Kleinunternehmer in Angst und Schrecken versetzten, hatte er tatsächlich in kurzer Zeit beseitigt. Denn er war der größte Bandit. Er verwandelte den Staat in seine persönliche Mafia. Die anderen Verbrecher wurden einfach geschluckt.

Nachdem er mit der Aufzählung seiner Verdienste fertig war, wandte sich der Batka an die »Desorientierten und Verblendeten«. Die direkte Ansprache seiner Feinde war schon immer sein Trumpf. Hier konnte er leidenschaftlich, klar und kompromisslos sprechen, seinen Gegnern mit der schweren Faust direkt aufs Ohr schlagen. Als Schöpfer war er nicht unumstritten, nicht jeder schätzte sein Werk. Aber im gnadenlosen Kampf gegen seine Feinde, da war er in seinem Element. Hier hatte er eine Menge Intuition und Talent. Es gibt Menschen, die mit dem Gefühl aufwachsen, die Menschen um sie herum sollten die gleichen Rechte haben wie sie selbst. Und es gibt Leute, für die von Kindheit an jeder ein Feind ist. Zu letzteren gehörte der Batka. Als er in den Neunzigern zufällig an die Macht kam, versuchte er daher nicht, gute Beziehungen zur Gesellschaft und zu anderen Ländern aufzubauen (wozu? alles Feinde!), sondern er errichtete eine Zitadelle. Eine uneinnehmbare Festung, in der ihn niemand zu fassen kriegen konnte.

Sein Werk war tatsächlich eine Festung. Keine Skulptur, kein Gedicht, keine Sinfonie und schon gar keine Installation (er mochte die moderne Kunst nicht). Ausgestattet mit der Psyche eines Menschen aus dem Kellerloch schuf er für sich und seinen Machtapparat ein sicheres Refugium. In gewisser Weise war der Batka auch ein Architekt. Nicht zufällig erinnern all die größeren Bauten, die in den letzten sechsundzwanzig Jahren entstanden sind, an Festungen. Nein, einen Albert Speer hatte er nicht und eine Sonnenstadt als steinernes Denkmal seiner tausendjährigen Herrschaft ließ er nicht errichten. Überhaupt verstand er wenig von Architektur. Er errichtete lediglich eine imaginäre ewige Zitadelle seiner Macht, die wie Freud'sche Verbauer in Gestalt von Festungsmauern in jedem der unter seiner Herrschaft errichteten Gebäude aufscheint.

Sein liebstes Kind, das neue Gebäude der Nationalbibliothek, nannte das Volk alsbald »Atompilz«. Es sieht tatsächlich so aus. Wüsste man nicht, dass es sich um eine Bibliothek handelt, man würde denken, es sei ein Getreidesilo oder eine mittelalterliche Burg. Das vierundsiebzig Meter hohe Rhombenkuboktaeder steht auf einem Bein und sieht aus wie eine Kapsel, in der Er sich verstecken will. Der Batka nennt es stolz »Diamant des Wissens«. Doch um Wissen geht es nicht. Entscheidend ist das Wort »Diamant«. Härtestes Material, eine »Festung«, ein »Bollwerk«, eine »Zitadelle«, eine sichere Diamantkapsel für den »Mann aus dem Kellerloch«, der die ganze Welt zum Feind hat.

Damals war Er noch durch und durch eine Verkörperung des Mannes aus dem Kellerloch, eine typische Dostojewski-Figur. Er hätte noch vierzig Jahre lang in seiner Kolchose sitzen, die ganze Welt ignorieren und im Großen und Ganzen niemandem ernsthaft etwas zu Leide tun können. Aber das Schicksal spülte ihn plötzlich an die Spitze der Macht. Erhält ein Mann, der sich von Feinden umgeben sieht, die Macht, so ist das ein großes Übel. Erhält er unbegrenzte Macht, ist das ein sehr großes Übel. Er beginnt sofort, nach »Feinden« zu suchen. Obwohl es vorher keine gab, tauchen tatsächlich alsbald welche auf.

Ende der 1990er und Anfang der 2000er Jahre, als er seine Schatulle baute, befand er sich mit allen im Krieg: mit der Opposition, die damals noch stark war, mit dem Westen, mit der Jugend und den Studenten, mit den Unternehmern, die nicht gehorchen wollten.

Seine zweite große Festung ließ er ein Jahrzehnt später errichten, am »siebten Tag der Schöpfung«. Damals konnte der Batka schon ruhen, alle Feinde im Inneren waren besiegt. Es blieben nur die Feinde im Ausland. Vielleicht nannte Er diese Zitadelle daher »Palast der Unabhängigkeit«. Die Stimmung im Land war eine andere, und so entstand statt einer Diamantkapsel nun ein Sultanspalast. Eine seltsame, in diesen Breiten untypische orientalische Architektur. Luxus und Glamour, viel Gold an den Fassaden. Geschmacklose Inneneinrichtung, im Neureichen-Stil. Sagenhaft teure Kristalllüster und luxuriöses Parkett, Säulen und Kapitelle aus Hartschaumstoff. Es soll nach zeitloser Klassik aussehen. Mosaike, Buntglasfenster, Stuck, maßgefertigte Möbel aus Edelhölzern – alles, was zur Residenz eines orientalischen Tyrannen gehört. Bombastischer Kitsch – das ist der Eindruck, den es hinterlässt.

Hunderte Millionen Dollar wurden für den Bau ausgegeben. Welche Architekten hätte man davon bezahlen können! Doch offensichtlich überwachte der Batka das Projekt persönlich. Der Architekt war er. Herausgekommen ist ein teures und seelenloses Gebäude. Zugleich ist dieser »Palast der Unabhängigkeit vom Volk« wieder eine Festung. Ein gigantischer Neureichen-Klotz, der durch einen riesigen Platz und einen hohen Zaun von der Stadt und den Menschen abgeschirmt ist. Ein Bunker, der so gelegen ist, dass alle Zugänge gut überblickt und im Falle eines Angriffs unter Feuer genommen werden können. Alles, was Er geschaffen hat, ist eine Zitadelle Seiner Macht in feindlichem Gebiet.

Wenn er von »mein Land« sprach und sagte »die Liebste gibt man nicht her«, meinte Er nicht das Land, sondern Seine Schöpfung. Würde er das Land lieben, hätte er nicht Hand an die belarussische Sprache gelegt, wäre anders mit der Geschichte, den Symbolen und der Kultur des Landes umgegangen. Doch all dies war ihm fremd und zuwider. Was er nicht hergeben wollte, war das Land, das er geschaffen hatte. Und nun stand er zu Füßen des Riesen-Lenin und schleuderte die Fäuste in Richtung seiner Feinde, die ihn bedrohten.

Plötzlich hatte ich sogar Mitleid mit ihm. Die traurige Geschichte eines Künstlers, dessen Schöpfung ihren Schöpfer nicht überlebt, sondern mit seinem Tod verschwindet. Vielleicht sogar schon früher. Man konnte live zusehen, wie sie schmolz und schrumpfte. Vom prächtigen Palast des orientalischen Sultans platzte der schaumvergoldete Stuck ab und gab einen erbärmlichen Betonbunker frei. Der Batka stand mit Mikrofon an der Schießscharte, und um ihn zu hören, waren auf den gigantischen Platz nur siebentausend graubraune Männlein gekommen.

Wäre eine angemessene Tribüne für seine Majestät den Kaiser errichtet worden, hätte er vielleicht gesehen, dass auf dem Platz keine Menschen sind. Vielleicht war dies der wahre Grund, warum er auf einem so niedrigen Podest stand? Die allerbesten seiner Diener, die Braunsten der Braunen, wagten es nicht, ihren Herrn zu verärgern. Schon lange hatten sie Angst, sie könnten den Batka erzürnen, und sagten lieber, was er hören wollte. Stets waren sie bestrebt, ihn in weiche und warme Decken der Illusion zu hüllen, um ihn vor der Realität zu beschützen. Sie wagten nicht, ihm zu sagen, dass seine Methode zur Behandlung der Coronavirus-Seuche pseudowissenschaftlich ist. Aus Angst, dass er wütend wird, weil das Volk ihn nicht mehr liebt, schrieben sie, achtzig Prozent der Wähler hätten für den Batka gestimmt. Nun sagten sie, fünfzigtausend Menschen wären auf den Platz gekommen, und damit er es nicht überprüfen konnte, bauten sie ihm eine niedrige Tribüne.

Und wieder einmal glaubte er ihnen. Als Er rief: »Über fünfzigtausend Menschen stehen hier auf diesem Platz«, tat Er mir daher noch einmal leid. Nein, die Leute, die ihn zu seinem Schutz in Brokat hüllten, waren keine Feinde, die ihm eine Falle stellten. Sie hatten einfach Angst. Wie viel Mühe hatte es sie gekostet, die Pyramide zu erklimmen, um in seiner Nähe zu sein! Nur eine falsche Nachricht, und Er wird ärgerlich, und sie stürzen in Schimpf und Schande wieder herab.

Schließlich konnte das grandiose, fünfzig mal hundert Meter große Gemälde *Macht*, das er all die Jahre gemalt hatte, niemals fertig werden. Von Zeit zu Zeit griff der Batka zur Axt und schlug scheinbar fertige Köpfe ab. Dann nahm er grüne und rote Farbe, mischte sie, und schmierte neue, grob gezeichnete braune Gesichter auf die Leinwand. Mit einer Schaffenskrise, Suche nach Harmonie, Unzufriedenheit des Künstlers mit sich selbst hatte das nichts zu tun. Er hatte einfach Angst. Angst, dass einer seiner Köpfe ihn verraten würde. Oder schlimmer noch, dass sie sich zusammenrotten und sich gegen ihn verschwören würden. Das Einzige, was er tun konnte, war, das Bild immer wieder zu übermalen. Tausende und Abertausende von braunen Figuren immer wieder gegen genau die gleichen gesichtslosen braunen Gestalten austauschen.

Und doch war seine Angst berechtigt. Im Laufe der Jahre wurde er immer abhängiger von seiner Schöpfung. Sie hüllte ihn ein, steckte ihn in den »Diamanten der Unwissenheit«, in die Kapsel der Träume, und, was für ein Raubtier noch gefährlicher war, nahm ihm seinen Instinkt. Schon lange merkte man, dass der Batka sich in einer Parallelwelt befand. Er schuf dieses Bild, aber das Bild beeinflusste auch ihn. Der Künstler lebte in seiner Schöpfung und hielt sie für Realität. Ist nicht die Welt, die uns umgibt, auch das, wofür wir sie halten? Ist nicht nur das real, dessen ich mir bewusst bin? Alles andere ist unsicher? Und wenn ich fast so etwas wie Gott bin, wird die Realität meines Bewusstseins noch realer und das Unsichere noch unsicherer.

Eine unbestreitbare Realität. Sein Werk hatte ihm aufgeschrieben: Fünfzigtausend Menschen sind auf dem Platz. Daran konnte Er nicht zweifeln. Seine Schöpfung hatte sich bereits verselbständigt und wedelte mit ihrem Schöpfer. Sechsundzwanzig Jahre, da ist man volljährig. Die Nabelschnur ist längst durchtrennt, Kindheit, Jugend und Studium sind vorbei. Du bist noch von deinem Urvater abhängig, führst aber schon dein eigenes Leben. Zumal der Urvater ein verwirrter Opi ist, ein verrückter Künstler und

Autokrat, der mit seinen Rentnerpantoffeln über den Flur schlurft, dir in der Küche im Weg steht, alle anmeckert und schmollt. Manchmal möchte man ihm einfach eines mit der Axt überziehen und ihn für immer aus der Wohnung schmeißen.

Genau das wäre auch passiert. Eins auf die Mütze und raus. Aber das konnten sie nicht. Selbst das elendste und hässlichste seiner Geschöpfe wusste mit seinem schwachen Verstand, dass es nur gemeinsamen mit ihm leben kann. Dieser verwirrte Opi bedeutete Leben und Tod zugleich. Deshalb muss seine Seele geschont werden, muss er in eine weiche Decke gehüllt, müssen seine Launen berücksichtigt werden. Er will Fünfzigtausend auf dem Platz haben? Warum nicht! Und damit der Opi keinen Verdacht schöpft, zeigen sie im Fernsehen den Platz nur aus Einstellungen, aus denen nicht ersichtlich ist, wie viele Menschen tatsächlich gekommen sind.

Genau in jener Minute, als er von den »Desorientierten und Verblendeten« sprach, strömten riesige Menschenkolonnen aus der ganzen Stadt zur »Stele«. Sie konnten ihn nicht hören, aber er wurde immer hitziger. Sie waren keine »verlorenen Seelen« mehr, sondern Kriminelle und Banditen, Ratten, die aus ihren Löchern gekrochen waren, gelenkt von fremden Puppenspielern. In der Regel begann Er sanft, so hatten seine Referenten es ihm aufgeschrieben. Aber wenn er zu improvisieren begann und sich vom vorbereiteten Text entfernte, drang seine eigene Stimme immer deutlicher durch und wurde immer härter und härter.

Jetzt rief er seine Gegner nicht mehr zur Umkehr auf, eigentlich hatte er noch nie mit ihnen sprechen können. Jetzt kamen sofort die Beschimpfungen, das wollten die Fünfzigtausend auf dem Platz doch hören! Sie sollten wissen, welche Folgen es für sie hätte, wenn Er zurücktreten würde. Eine Katastrophe, eine Apokalypse, ein Weltuntergang. Sie würden Kriminelle füttern müssen, und diese würden ihren Kindern das letzte Hemd rauben. Die NATO stehe mit ihren Panzern schon an der Grenze. Folge man diesen Leuten an der Leine, sei es um die Nation und den Staat geschehen. Immer lauter schrie er. Zur Latrine würden sie Belarus machen und uns zu Sklaven, die sie mit der Peitsche antreiben. Zu Bettlern, die um ein Stück Brot flehen.

Als Er erklärte, es sei unmöglich, 80 Prozent der Stimmen zu fälschen, war er schon etwas heiser. Aber Er hatte Recht. Wenn man zu den 25 Prozent, die tatsächlich für ihn gestimmt hatten, die 42 Prozent aus der vollständig kontrollierten vorzeitigen Abstimmung hinzuzählt, kommt man in der Tat auf 67 und nicht auf 80. Wäre sein Geschöpf ein klein wenig klüger gewesen und hätte jene 67 Prozent verkündet, vielleicht wäre es nicht zur Revolution gekommen. Aber in seinem 26. Lebensjahr zeigte es bereits Anzeichen von Altersschwachsinn. Oder hatten diese den Kinderschuhen entwachsenen Kerle in der Schule nicht aufgepasst? Konnten sie nicht zwei und zwei zusammenzählen? All die leeren, braunen Gesichter, die er mit der Axt erschaffen hatte, konnten nur lügen, aber nicht rechnen. Genau wie sie über die Epidemie und ihre Opfer gelogen hatten. Sogar dann, als allen klar war, wie die Sache wirklich steht. Doch Er glaubte aufrichtig an diese Zahlen, eingeschlossen in seiner Kapsel aus Lügen.

Er schrie, fuchtelte mit seinen zentnerschweren Fäusten und wischte sich den Schweiß von der Stirn. Behauptete, sie seien eine kleine Minderheit, der wir zeigen, wer der Herr im Haus ist. Rief mit rauer Stimme, dass wir alle wie die Brester Festung stehen müssen.[6] Schrie, dass er das Land nicht aufgeben werde. Selbst aus dem Grab werde er weiterkämpfen.

Er stand mitten auf dem riesigen Platz im Herzen

6 Die im 19. Jahrhundert erbaute Brester Festung war nach dem Überfall des Deutschen Reichs auf die Sowjetunion im Juni 1941 eines der ersten Ziele der Wehrmacht. Die dort stationierten Soldaten der Roten Armee leisteten mehrere Tage verzweifelten Widerstand. In den 1960er Jahren schuf die sowjetische Geschichtsschreibung einen Heldenmythos um diese Schlacht. Lukaschenka machte die Gedenkstätte »Heldenfestung« zu einem zentralen Ort der auf die Themen Opferbereitschaft und Soldatenehre konzentrierten staatlichen Erinnerungspolitik. – A.d.Ü.

der verbotenen Gelben Stadt der Macht und rief hand-
geformte Männlein in seine imperiale Terrakotta-
Armee: »Zu Hilfe, zu Hilfe, zu Hilfe!« Zum Schluss
wiederholte er siebenmal den Refrain: »Danke, ihr
Bauern! Dank euch, ihr Arbeiter! Danke, ihr Vetera-
nen!« Doch sie konnten nichts mehr für ihn tun.

Er dröhnte, gestikulierte, schrie, sprach zu dem
Platz …

Doch der Platz war leer. Selbst wenn sie ihn hätten hören können – die wenigen Tausend graubraunen Menschen, die dort standen, konnten nichts
mehr für ihn tun. Er sprach zu einer Leere, die mit
leeren Augen zurückblickte.

□■□

Unter dem stürmischen Applaus der Terrakotta-
Männlein drehte er sich um und stieg von der Tribüne. Da tat er mir ein drittes Mal leid. Ein alter, einsamer Rentner verließ die Bühne. Die schwarze Hose,
die Lackschuhe, das weiße, kurzärmlige Oberstleut-
nantshemd. Der einfältige Künstler-Autodidakt hatte nach seinem Ebenbild etwas Wunderbares schaffen wollen, und das Werk geriet gefährlich, dumm
und erbärmlich. So gefährlich, dass es mit seiner
Dummheit dafür gesorgt hatte, dass der Abgang des
Meisters noch schneller kam.

Die vielen Menschen, die seit 26 Jahren an den Ufern des Großen Gelben Flusses der Geschichte darauf gewartet hatten, dass ein Rentner in schwarzer Hose und weißem Hemd an ihnen vorbeischwimmt, hätten noch weitere zehn Jahre so sitzen können. Doch seine Schöpfung hatte beschlossen, den Lauf der Zeit zu beschleunigen und ihren Schöpfer früher in den Fluss der Revolution geworfen.

Er verschwand flussabwärts, alt, gebückt und unglücklich schlurfte er mit seinen schwarzen Lackschuhen über den Asphalt. Er verstand wirklich nicht, was er falsch gemacht haben sollte, wo er sich doch so bemüht hatte. Kurz bevor er die schwarze Türöffnung des Palastes der Weisheit, dieses düsteren grauen Gebäudes aus der Stalinzeit, erreicht hatte, kam sein jüngster Sohn ins Bild, ein Wunderkind und fast so schön wie ein Hollywoodstar. Plötzlich schien es mir, dass es in der Schöpfung des Batka doch einen Menschen gab, den er wirklich liebte und den er nicht zu einem graubraunen Terrakotta-Männlein hatte machen wollen.

□■□

Gegen Abend rief ich Marta an. Natürlich war sie dort gewesen, so wie alle. Zweihundertfünfzigtausend Menschen hatten sich bei der Stele versammelt.

Das war noch nicht der Sieg, aber eine klare Antwort auf die Pläne A, B und C. Das war ein Zeichen, dass nichts mehr sein wird wie zuvor. Dass das Land sich erhoben hat und anders leben möchte. Schluss mit der Lüge und der Alleinherrschaft eines einzigen Menschen. Es wollte nach Gesetzen leben, nicht nach Befehlen.

Es schien unglaublich. Die Stadt war überflutet von weiß-rot-weißen Fahnen. Plötzlich war sie bunt, strahlend, lebendig, ganz anders als in der graubraunen *Stabilität* des Batka. Aus allen Vororten zogen Kolonnen bunter, strahlender, schöner Menschen in Richtung Zentrum. An der Kreuzung zweier Hauptstraßen nahe der Stele war die Menschenmenge so groß, dass jeder sehen konnte: das ist das Volk, es hat sich erhoben und es muss gar nicht mehr in die steinernen Schluchten der Verbotenen Stadt ziehen, um dies zu demonstrieren. Die riesigen Flächen um das Siegesdenkmal schienen bereits überfüllt, und es kamen immer mehr Menschen.

Bald zogen die Kolonnen in einem endlosen Strom auf die Gelbe Stadt zu. Es war eine unendliche weiß-rote Flut, ein Volksaufstand, der sich über die verängstigten Plätze der Verbotenen Stadt der Macht ergoss. Ein Fluss, in den man steigen kann, doch aus dem kein Weg hinausführt. Die Naturgewalt der Revolution kennt nur eine Richtung – voran.

Epilog

Als ich begann, dieses Buch zu schreiben, stand die Revolution ganz am Anfang. Ihr Ausgang war unbekannt. Dies ist heute, mehr als ein Jahr später, nicht anders. Vieles ist seitdem geschehen: Hunderttausende sind in Protestzügen durch die Städte gezogen, auf kleine und große Siege folgten Terror, Gewalt, tausende Strafverfahren, Prozesse, drakonische Urteile, Emigration und Verzweiflung. Manchmal schien alles nur ein Trugbild zu sein.

Vorbei der monotone Dauerschmerz. Kein Kafka mehr. Der Schmerz wurde schrill, wie im Krieg. Munchs einsamer Schrei von der Brücke über den Gelben Fluss der Verbotenen Stadt hinaus in die Leere. Ende der postmodernen Experimente. Das Regime hat die letzten ironisch-verspielten Locken abgeschnitten. Zum Vorschein kam die nackte Diktatur. Schlicht wie Soldatengrütze, grob wie das Gebrüll von Lageraufsehern, abscheulich wie Kindesmissbrauch. Das Regime braucht keine demokratischen Fassaden mehr. Es hat die Fesseln des Anstands abgeworfen und sich mit roher Begeisterung auf die unabhängigen Zeitungen gestürzt, Journalisten verhaftet, groteske Anklagen zusammengeschustert und jede Regung der Gesellschaft verboten. Die Bestie, die es lange im Käfig gehalten hatte, ist ausgebrochen. Alles Absurde ist verschwunden. Absurd ist eine Situation, in der Neues auf Überlebtes stößt, Totes und Lebendiges für einen Augenblick in seltsamer Symbiose nebeneinander existieren. Hier ist das Verweste gnadenlos über das Leben hergefallen. Das Regime wollte nicht wahrhaben, dass sich die Gesellschaft verändert hatte, dass sie nicht mehr in einem toten Körper leben will.

Die Geschichte kennt solche Phasen. Sie folgen auf soziale Umwälzungen und begeisterte Aufbrüche. Ihr Name: Konterrevolution. Die Zeit des Absurden, in der wir zwei Jahrzehnte gelebt haben, ist vorüber. Konterrevolutionärer Terror ist an seine Stelle getreten. Jeder in Belarus ist heute Geisel des Regimes. Alle Gesetze sind aufgehoben, es herrscht ein brauner Unbekannter, bewaffnet, mit Sturmhaube, ohne Namen und Gesicht. Er ganz allein hat entschieden, wen er auf der Straße ergreift und ins Gefängnis wirft. Er ist es, der anonym vor Gericht aussagt, der ausländische Flugzeuge zur Landung zwingt, der einschüchtert, droht, Nachrichtenseiten sperrt und alle, die sich ihm entgegengestellt haben, zu Terroristen erklärt.

Die Menschen haben gelernt, wie man die Internetsperren umgehen kann, um an Informationen zu gelangen. Wie man danach die Spuren beseitigt. Denn jeder kann durchsucht werden. In den dreißiger Jahren kamen die schwarzen Wagen nachts. Heute kommen sie am frühen Morgen. Es ist fast schon zum Sprichwort geworden: Keine Razzia vor dem Frühstück, dann wird der Tag wohl ruhig werden.

Marta hat Belarus im Frühjahr 2021 verlassen. Sie versucht nun in Kiew ihr Leben neu zu beginnen. Zehntausende haben dasselbe getan. Die einen mussten damit rechnen, dass sie abgeholt werden und für Jahre im Gefängnis verschwinden. Andere hielten die ständige Angst, die Depression und die Hoffnungslosigkeit nicht mehr aus. Wie im Krieg flohen viele »ohne Ballast«, ließen Familie und alles Hab und Gut zurück.

Der Batka hingegen darf jetzt nicht mehr reisen. Ihm steht nur noch ein Weg offen. Der führt nach Osten, direkt zum Starzen. Von Zeit zu Zeit macht er sich auf den Weg zu ihm. Für einige Stunden ziehen sie sich in geheime Gemächer zurück. Worüber sie sprechen, weiß niemand. Vielleicht schweigen sie einfach, vielleicht schütteln sie sich fünf Stunden lang die Hände, bis sie blau im Gesicht werden und die Augen vor Anstrengung hervorquellen.

Der Starze ist natürlich zufrieden. Er hat alles bekommen, was er wollte. Der Batka ist in die Enge getrieben, dort sitzt er jetzt zahm an der Leine. Die »Liebste, die man nicht hergibt«, ist still gestorben. So viele Menschen sind geflüchtet, Unternehmen haben das Land verlassen, die Städte sind verwaist. Belarus ist immer brauner geworden, gleicht immer mehr dem Gemälde *Stabilität* des Batka. Manchmal scheint es, dass der Starze kurz davorsteht, es mit einem Strich seinem Meisterwerk mit dem Namen *Größe* einzuverleiben. Sich seinen Traum zu erfüllen. Das ersehnte Triptychon ist das noch nicht. Aber immerhin ein Diptychon, also ein gewaltiger Fortschritt. Neben seinem riesigen schwarzen 100×100-Meter-Quadrat, auf dem vor dem Hintergrund sibirischer Wälder der gigantische Torso des Clan-Chefs mit Basilius-Kathedralen-Tattoo auf der nackten Brust zu erkennen ist, wird ein ebenso gigantisches Bild hängen. Es zeigt einen namenlosen braunen Menschen in Polizeiuniform, mit Knüppel in der Hand und Sturmhaube über dem Gesicht. Zwei versteinerte Götzen einer vergangenen Ära. Reptilien, die auf unerklärliche Weise aus der Urzeit in die Gegenwart gekommen sind. Zwei traurige Einsame, die sich hassen, aber ohne einander nicht leben können, da niemand sonst sie braucht.

Ab und zu fahre ich aus meinem Weiler nach Minsk. Die Stadt ist voller Lücken, all die Orte, die es nicht mehr gibt, die Cafés und Galerien. Die Verbotene Gelbe Stadt ist noch leerer geworden. Die Menschen haben sie verlassen. Nur die riesigen Schatten ziehen an sonnigen Tagen wie eh und je über die gigantischen Plätze. Der Gelbe Fluss zählt noch immer monoton die Sekunden herunter und trägt seine Stunden und Tage vorbei an den finsteren Wächtern der Sonnenstadt in den verbotenen Ozean der Hoffnung.

Und doch ist die Energie des letzten Sommers nicht verschwunden. Sie hat sich verborgen und wartet. Das Land hat sich verändert, wir werden nie wieder so sein wie einst. Wer in den Strom der Revolution eingetreten ist, für den gibt es kein Zurück.

edition suhrkamp
Eine Auswahl

Bini Adamczak. Beziehungsweise Revolution. 1917, 1968 und kommende. es 2721. 313 Seiten

Wolfgang Bauer
- Bruchzone. Krisenreportagen. es-Sonderdruck. 349 Seiten
- Über das Meer. Mit Syrern auf der Flucht nach Europa. es-Sonderdruck. 133 Seiten

Zygmunt Bauman
- Die Angst vor den anderen. Ein Essay über Migration und Panikmache. es-Sonderdruck. 124 Seiten
- Retrotopia. es-Sonderdruck. 220 Seiten

Michael Butter. »Nichts ist, wie es scheint«. Über Verschwörungstheorien. es-Sonderdruck. 270 Seiten

Colin Crouch
- Gig Economy. Prekäre Arbeit im Zeitalter von Uber, Minijobs & Co. es 2742. 135 Seiten
- Postdemokratie. es 2540. 159 Seiten

Mischa Gabowitsch. Putin kaputt!? Russlands neue Protestkultur. es 2661. 438 Seiten

Heinrich Geiselberger (Hg.). Die große Regression. Eine internationale Debatte über die geistige Situation der Zeit. es-Sonderdruck. 318 Seiten

Masha Gessen. Leben mit Exil. Über Migration sprechen. 98 Seiten

Kristen R. Ghodsee. Warum Frauen im Sozialismus besseren Sex haben. Und andere Argumente für ökonomische Unabhängigkeit. es-Sonderdruck. 275 Seiten

Marius Goldhorn. Park. Roman. es 2764. 179 Seiten

Jürgen Habermas. Im Sog der Technokratie. Kleine politische Schriften XII. es 2671. 193 Seiten

Lea Haller. Transithandel. Geld- und Warenströme im globalen Kapitalismus. es 2731. 512 Seiten

Sabine Hark. Gemeinschaft der Ungewählten. Umrisse eines politischen Ethos der Kohabitation. es 2774. 271 Seiten

David Harvey. Rebellische Städte. es 2657. 283 Seiten

Wilhelm Heitmeyer. Autoritäre Versuchungen. Signaturen der Bedrohung 1. es 2717. 394 Seiten

Axel Honneth. Vivisektionen eines Zeitalters. Porträts zur Ideengeschichte des 20. Jahrhunderts. es 2678. 307 Seiten

Eva Illouz. Israel. Soziologische Essays. es 2683. 228 Seiten

Dirk Jörke. Die Größe der Demokratie. Über die räumliche Dimension von Herrschaft und Partizipation. es 2739. 280 Seiten

François Jullien. Es gibt keine kulturelle Identität. es 2718. 95 Seiten

Susanne Kaiser. Politische Männlichkeit. Wie Incels, Fundamentalisten und Autoritäre für das Patriarchat mobilmachen. es 2765. 268 Seiten

Artur Klinau. Minsk. Sonnenstadt der Träume. es 2491. 175 Seiten

Ariane Koch. Die Aufdrängung. Roman. es 2784. 179 Seiten

Ivan Krastev. Europadämmerung. Ein Essay. es 2712. 143 Seiten

Benjamin Kunkel. Utopie oder Untergang. Ein Wegweiser für die gegenwärtige Krise. es 2687. 245 Seiten

Bruno Latour
- Das terrestrische Manifest. es-Sonderdruck. 136 Seiten
- Wo bin ich? Lektionen aus dem Lockdown. es 2771. 199 Seiten

Enis Maci. Eiscafé Europa. Essays. es 2726. 240 Seiten

Philip Manow
- Die Politische Ökonomie des Populismus. es 2728. 160 Seiten
- (Ent-)Demokratisierung der Demokratie. 160 Seiten

Lorenzo Marsili/Niccolò Milanese. Wir heimatlosen Weltbürger. es 2736. 280 Seiten

Steffen Mau. Das metrische Wir. Über die Quantifizierung des Sozialen. es-Sonderdruck. 307 Seiten

Robert Misik. Die falschen Freunde der einfachen Leute. es 2741. 138 Seiten

Franco Moretti. Kurven, Karten, Stammbäume. Abstrakte Modelle für die Literaturgeschichte. es 2564. 138 Seiten

Valzhyna Mort
- Musik für die Toten und Auferstandenen. Gedichte.
  es 2766. 142 Seiten
- Kreuzwort. Gedichte. es 2663. 109 Seiten

Chantal Mouffe. Für einen linken Populismus. es 2729.
111 Seiten

Jan-Werner Müller
- Furcht und Freiheit. Für einen anderen Liberalismus. es-
  Sonderdruck. 170 Seiten
- Was ist Populismus? Ein Essay. es-Sonderdruck. 159 Seiten

Oliver Nachtwey. Die Abstiegsgesellschaft. Über das
Aufbegehren in der regressiven Moderne. es 2682. 263 Seiten

Adam Przeworski. Krisen der Demokratie. es 2751. 256 Seiten

Jedediah Purdy. Die Welt und wir. Politik im Anthropozän.
es-Sonderdruck. 186 Seiten

Katharina Raabe / Manfred Sapper (Hg.). Testfall Ukraine.
Europa und seine Werte. es-Sonderdruck. 256 Seiten

Hanno Rauterberg
- Die Kunst und das gute Leben. Über die Ethik der Ästhetik.
  es 2696. 205 Seiten
- Wie frei ist die Kunst? Der neue Kulturkampf und die Krise
  des Liberalismus. es 2725. 141 Seiten

Andreas Reckwitz. Das Ende der Illusionen. Politik, Ökonomie und Kultur in der Spätmoderne. es 2735. 305 Seiten

César Rendueles. Kanaillen-Kapitalismus. Eine literarische Reise durch die Geschichte der freien Marktwirtschaft. es 2737. 300 Seiten

Michail Ryklin
- Mit dem Recht des Stärkeren. Die russische Kultur in Zeiten der »gelenkten Demokratie«. Essay. es 2472. 238 Seiten
- Räume des Jubels. Totalitarismus und Differenz. Essays. es 2316. 237 Seiten

Rachel Salamander. Heine und der deutsche Donner. Heine-Preis 2020. Laudatio: Frank-Walter Steinmeier. es-Sonderdruck. 48 Seiten

Ulrich Schmid. Technologien der Seele. Vom Verfertigen der Wahrheit in der russischen Gegenwartskultur. es 2702. 386 Seiten

Olga Shparaga. Die Revolution hat ein weibliches Gesicht. Der Fall Belarus. es 2769. 231 Seiten

Philipp Ther. Das andere Ende der Geschichte. Über die Große Transformation. es 2744. 199 Seiten

Raul Zelik. Wir Untoten des Kapitals. Über politische Monster und einen grünen Sozialismus. es 2746. 328 Seiten

Serhij Zhadan
- Antenne. Gedichte. es
- Warum ich nicht im Netz bin. Gedichte und Prosa aus dem Krieg. es-Sonderdruck. 180 Seiten.

Slavoj Žižek. Auf verlorenem Posten. es 2562. 319 Seiten